James B. Richards
Das Evangelium des Friedens

JAMES B. RICHARDS

# DAS EVANGELIUM
## DES
# Friedens

Copyright © 1990 James B. Richards.
Die amerikanische Originalausgabe unter dem Titel *The Gospel of Peace* erschien bei
Impact Ministries, Publications Department, 3300 N. Broad Place, Huntsville, AL 35805, USA,
www.impactministries.com

Die deutsche Übersetzung wurde vermittelt und koordiniert durch:
*Franz Wimberger Ministry*
Sankt Peter Straße 13, A-4240 Freistadt, Österreich
www.franzwimberger.at
info@franzwimberger.at
info@hoffnungfüralle.at

Die Deutsche Nationalbibliothek verzeichnet diese Publikation in der Deutschen
Nationalbibliografie; detaillierte bibliografische Daten sind im Internet über
https://www.dnb.de abrufbar.

Bibelzitate, sofern nicht anders angegeben, wurden der Schlachter Bibelübersetzung
entnommen. Bibeltext der Schlachter, Copyright © 2000 Genfer Bibelgesellschaft.
Alle Rechte vorbehalten. Verwendet mit freundlicher Genehmigung des Verlages.
EÜ    *Einheitsübersetzung*, © 2016 Kath. Bibelanstalt GmbH, Stuttgart.
HFA   *Hoffnung für alle*, © by Biblica, Inc.®, hrsg. von Fontis.
NLB   *Neues Leben Bibel*, © 2017 SCM R.Brockhaus, Witten.

*Umschlaggestaltung:* spoon design, Olaf Johannson
*Umschlagbild:* eldar nurkovic/shutterstock.com
*Übersetzung:* Charlotte Schram, Ernestine Rohregger, Irene und Romedi Pitsch
*Korrektorat:* Gabriele Kohlmann
*Satz:* Grace today Verlag
*Druck:* CPI – Clausen & Bosse, Leck
*Printed in Germany*

1. Auflage 2021

© 2021 Grace today Verlag, Schotten

Paperback: ISBN 978-3-95933-195-1, Bestellnummer: 372195
E-Book: ISBN 978-3-95933-196-8, Bestellnummer: 372196

www.gracetoday.de

Dieses Buch ist Bobby C. Goode, meinem Onkel, gewidmet.
Ich danke dir, dass du mir ein Vorbild, ein Freund, ein Beispiel
und der einzige wahre Vater gewesen bist, den ich je kannte.

Weil du mir Vertrauen schenktest, konnte ich an mich glauben
und aus dem Lebensstil herauskommen, der unweigerlich
unheilvoll geendet hätte. In dir sah ich einerseits hohe
Standards, auf der anderen Seite erlebte ich jedoch nie,
dass du mich ablehntest. Du hast mir geholfen,
Gott als Vater zu sehen.

# INHALT

## Kapitel 1

# DEN FRIEDEN GOTTES ERLEBEN

Hunderte Male sagte Gott den Menschen im alten Bund, sie sollten sich nicht fürchten. Als Jesus nach Seiner Kreuzigung Seinen Jüngern erschien, sprach Er:»Fürchtet euch nicht!« Im Herzen eines Gläubigen soll es keine Angst vor Gott geben, sondern nur eine tiefe und mächtige Erkenntnis der Tatsache, dass wir von Gott dem Vater, dem Schöpfer des Universums, geliebt und akzeptiert werden.

Wenn im Herzen eines Menschen Furcht vor Gott ist, glaubt dieser Mensch nicht wirklich, dass Gott ihn mit einer vollkommenen Liebe liebt. Furcht vor Gott im Herzen eines Menschen hat die Ursache darin, dass der Mensch sich fürchtet, Gott könnte ihm etwas antun. Er fürchtet sich davor, von Gott verletzt oder abgelehnt zu werden.

1. Johannes 4,18 drückt es so aus: »*Furcht ist nicht in der Liebe, sondern die vollkommene Liebe treibt die Furcht aus, denn die Furcht hat mit Strafe zu tun; wer sich nun fürchtet, ist nicht vollkommen geworden in der Liebe.*«

Das Merkmal eines jeden Christen, der an das glaubt, was Jesus durch Seinen Tod und Seine Auferstehung getan hat, sollte ein von Frieden durchdrungenes Leben voller Zuversicht sein, weil er sich von Gott angenommen weiß. Keine Plage und kein nagendes Gefühl von Schuld und Ablehnung sollten vorhanden sein. Es sollte nur noch Frieden geben.

Jede Religion dieser Welt bietet den Menschen Frieden an. Doch nur das Christentum bringt den Menschen Befreiung. Denn wir sind nicht ein Volk, das einen Zustand oder einen Status zu erreichen versucht, der uns Frieden geben wird; wir sind ein Volk, das durch das vollendete Werk eines Menschen, Christus Jesus, gerecht gemacht wurde. Und wegen Seines vollendeten Werkes wurde uns der Friede mit Gott zuteil.

Weil nicht jeder Christ diese wunderbare Realität kennt oder an sie glaubt, lebt nicht jeder Christ in einem Dauerzustand des Friedens. Ganz im Gegenteil! Viel zu viele Christen leben in Qual und Unruhe und fürchten stets, dass die Dinge zwischen ihnen und Gott nicht stimmen.

Mein Engagement im Dienst an Menschen in Nervenheilanstalten hat dies immer wieder bewiesen. Ich habe die emotional instabilen und seelisch aufgewühlten Menschen mit der Furcht ringen sehen, Gott nicht zufriedenstellen zu können. Die Welt liegt richtig, wenn sie sagt: »Religion wird dich verrückt machen!« Religion ist der Versuch des Menschen, Frieden mit Gott zu finden. Das Christentum andererseits besteht aus Menschen, die den Frieden mit Gott durch den Herrn Jesus Christus annehmen.

Viele Menschen in Nervenheilanstalten glauben, dass sie etwas getan haben, das Gott ihnen nicht zu vergeben vermag. Sie erwarten das Urteil eines zornigen Gottes. Dabei haben sie oft keine Ahnung, was sie getan haben könnten, da ist einfach nur dieses Gefühl der Furcht vor einem bevorstehenden Urteil. Die Bibel nennt dies Verdammnis, das heißt die Erwartung von Verdammung und Verurteilung. In Christus sind wir frei von Verurteilung.

Traurig ist dabei, dass dieses Bild von ängstlichen Menschen auch auf viele derjenigen zutrifft, die Sonntag für Sonntag in der Kirche sitzen. Furcht scheint im Leben vieler Christen der treibende Faktor zu sein. Aber woher bekommen diese Menschen eine solche Vorstellung von Gott? Wie können Menschen so viel Angst vor Gott bekommen, dass sie in einer Nervenheilanstalt landen oder chronisch furchtsam und depressiv werden? Wer stellte Gott so negativ dar, dass die ganze Welt sich zu fürchten begann? Es war keine Kraft außerhalb der Kirche, die den Ruf Gottes so zerstört hat. Es war nicht irgendeine böse dämonische Gruppe. Es waren die Stimmen von Menschen innerhalb der Kirche, die es gut meinten.

Furcht wurde in der Kirche von Generation zu Generation weitergegeben. Von früher Zeit an hat die Kirche damit gerungen, die Wahrheit des vollendeten Werkes Jesu zu glauben. Dieses Versäumnis, die Wahrheit zu glauben, ist seither die Ursache von Furcht und Besorgnis bis hin zu offensichtlicher Bosheit der Kirche über die Jahrhunderte hinweg.

Als Jesaja das großartige Werk des Kreuzes voraussagte, prophezeite er auch von vornherein: »*Wer hat dem geglaubt, was uns verkündigt ward?*« Es gibt eine Botschaft, die Gott so gut, so befreiend, so liebevoll, so liebenswürdig, so barmherzig und so großzügig darstellt, dass die Menschen sich weigern, sie zu glauben.

Diejenigen, die diese wunderbare Botschaft ablehnen, versuchen ihr Leben lang, Gott zu gefallen, oder sie wenden sich letztlich von Gott ab. In den Jahren meines geistlichen Dienstes auf der Straße bin ich vielen Menschen begegnet, deren Verärgerung über Gott vor allem auf diese verzerrte Darstellung Gottes zurückzuführen war, die sie in der Kirche gehört hatten.

Eugene H. Peterson sagt in seiner Einführung zum Buch der Galater: »Wenn Männer und Frauen sich mit Religion zu beschäftigen beginnen, tun sie eines oft als erstes: Sie wandeln Religion zu einem Kontrollinstrument um, um andere entweder in ihre Schranken zu weisen oder sie dort zu halten.« Dies scheint das Ziel der Kirche geworden zu sein. Anstatt die Menschen durch die frohe Botschaft Jesu zu befreien, benützen sie diese als Mittel, um die Menschen unter ihre Kontrolle zu bringen.

Schon früh in der Geschichte des Christentums traten solche auf, die das Evangelium verdrehten. Es gab diejenigen, die Paulus folgten und verkündeten: »Glaubt an Jesus! Er ist der Messias. Er ist der Weg zum Seelenheil. Doch der Weg zur Gerechtigkeit führt über das Gesetz.« Der Irrtum in dieser Botschaft ist äußerst subtil. Natürlich hat Gott uns zu einem gerechten Leben berufen, und selbstverständlich sollte Gerechtigkeit die Frucht eines christlichen Lebens sein. Also erschiene es nur logisch, diese Botschaft zu akzeptieren. Was du in Bezug auf Gerechtigkeit glaubst, ist allerdings das, was du wirklich bezüglich Gott glaubst.

Wenn die Einhaltung des Gesetzes unsere Grundlage für Gerechtigkeit ist, dann ist es auch die Grundlage, um die Verheißungen Gottes zu bekommen. Es ist die Grundlage dafür, unsere Gebete beantwortet zu bekommen. Es ist die Grundlage für Gottes Schutz. Wenn die Einhaltung des Gesetzes die Grundlage der Gerechtigkeit ist, dann können wir nur so viel Frieden haben, wie wir an Fähigkeit aufbringen können, das Gesetz einzuhalten. Schlussendlich wird die Einhaltung des Gesetzes zur Grundlage für das Seelenheil.

Während wir den Glauben an Jesus als Weg zum Seelenheil verkündeten, haben wir zugleich Jesus völlig außen vor gelassen. Niemand leugnet Jesus als Herrn. Die Erfahrung zeigt allerdings, dass wir alles, wofür Jesus gestorben ist, aus eigener Kraft aufbringen wollen. In intellektueller und theologischer Hinsicht ist Jesus noch immer das Zentrum unseres Glaubens, in emotionaler und funktioneller Hinsicht sind aber WIR das Zentrum unseres Glaubens geworden.

Römer 8,5–8 sagt es auf diese Weise: »*Denn diejenigen, die gemäß [der Wesensart] des Fleisches sind, trachten nach dem, was dem Fleisch entspricht; diejenigen aber, die gemäß [der Wesensart] des*

*Geistes sind, [trachten] nach dem, was dem Geist entspricht. Denn das Trachten des Fleisches ist Tod, das Trachten des Geistes aber Leben und Frieden, weil nämlich das Trachten des Fleisches Feindschaft gegen Gott ist; denn es unterwirft sich dem Gesetz Gottes nicht, und kann es auch nicht; und die im Fleisch sind, können Gott nicht gefallen.«* Diese ständige Fixierung auf das eigene Ich ist nicht das Merkmal eines Menschen, der nichts von Gott wissen will. Sie ist vielmehr typisch für Menschen, die versuchen, Gott durch eigene Bemühungen zu gefallen. Ein solcher Mensch hat das vollendete Werk Jesu unwissentlich abgelehnt und sieht nun keine andere Möglichkeit mehr, als sich durch eigene Taten die Gerechtigkeit zu verdienen. Und das hat ihn dahin geführt, von sich selbst besessen zu sein.

Jeder Brief, den Paulus schrieb, zielt darauf ab, Gläubige zurück zum vollendeten Werk Jesu zu bringen. Einer nach dem anderen, eine Kirche nach der anderen, und eine Stadt nach der anderen, ja die Gläubigen schlechthin, wurden dazu verleitet, wieder zu den eigenen Taten als Quelle ihrer Gerechtigkeit und letztlich als Quelle ihres Friedens mit Gott zurückzukehren. Sie glaubten der Botschaft von Jesus einfach nicht.

Im Galaterbrief weist Paulus auf den Beweggrund derer hin, die das Evangelium verdrehen – es geht um die Kontrolle über andere! Leiter, die Jesus nicht vertrauen, glauben nicht, dass das Evangelium aus eigener Kraft wirken wird. Weil sie selbst nicht an die Macht des Evangeliums glauben, sind sie davon überzeugt, es sei ihre Aufgabe, andere zu kontrollieren und sie »zurechtzuweisen«.

Was dies so schwer wahrnehmbar macht, ist der Beweggrund. Viele der zerstörerischsten Kräfte in der Kirche sind Menschen mit guten Beweggründen. Der gefährlichste Mensch ist der, der eine tiefe Leidenschaft hat, Menschen zu helfen, aber nicht an die Macht des Evangeliums glaubt, Veränderung zu bewirken. Anstatt das vollendete Werk Jesu zu verkünden und den Menschen Vertrauen in das Werk des Heiligen Geistes zu vermitteln, greift ein solcher Mensch zu den fleischlichen Methoden der Kontrolle. Menschen, die kontrolliert werden, erwecken den Anschein, als hätten sie sich verändert. Das Motiv, den Menschen zu helfen, rechtfertigt demzufolge das Bedürfnis, weiter Kontrolle auszuüben.

Das Hauptwerkzeug zur Kontrolle anderer ist Furcht. Wenn du kein Vertrauen in deine Beziehung mit Gott hast, wirst du Angst haben. Furcht wird dich deiner Zuversicht berauben. Sie wird dich einschränken. Sie wird dich zornig machen. Sie wird dich emotional instabil machen. Furcht wird dich deiner neuen Identität berauben, die du in Jesus hast. Sie wird dich ohne die von Gott gegebene Würde zurücklassen, die du als König und Priester hast. Du wirst die Notwendigkeit spüren, einen Fürsprecher zu haben.

Der Fürsprecher, der zwischen dich und Gott treten wird, wird jedoch nicht der Herr Jesus sein. Immerhin hast du den Frieden, den Er anbietet, wegen des Friedens, den ein anderer anbietet, abgelehnt. Der Fürsprecher wird ein Mensch sein. Es wird jemand sein, der dir anbietet, dir den Weg zu zeigen. Es wird jemand sein, der alle Regeln und Anforderungen für das Zusammenleben mit Gott kennt. Du wirst gerettet werden, aber niemals sicher sein. Deine Sünde wird vergeben, aber nie vergessen werden. Du wirst die Verheißungen haben, aber nie die Qualifikation, um sie zu bekommen. Der Familienname wird dir gegeben werden, aber nie die Familienerbschaft. Du wirst immer danach streben, das zu erlangen, was Jesus aus freien Stücken bereits gegeben hat. Friede wird dir gegeben werden, aber innerlich wirst du keinen Frieden erfahren.

Dies ist nicht der Plan Gottes für dich. Gott wünscht sich für dich, dass du Seine große Liebe, Seine vollkommene Annahme und Seinen tiefen Frieden erlebst. Doch du musst die Botschaft Gottes vom vollendeten Werk Jesu glauben. Es ist eine frohe Botschaft. Es ist eine Botschaft des Friedens!

*Kapitel 2*

# EINE BEZIEHUNG MIT GOTT

Das Evangelium zielt letztendlich auf eine liebevolle, erfüllende Beziehung mit Gott ab. Solange dieses Ziel nicht wirklich verstanden wird, muss man sich nicht wundern, wenn auch der Weg dorthin Verdrehungen aufweist. Weil uns nicht klar ist, was Gott sich wünscht, verschwenden wir viel Zeit und Mühe darauf, ein völlig anderes Ziel zu verfolgen als jenes, das Gott sich für uns wünscht.

Jesus kam nicht, um eine Armee aufzubauen. Er kam, weil Er eine Familie haben wollte. Durch Sein Werk werden wir adoptiert, nicht eingezogen. Adoption bedeutet die Aufnahme in eine Familie. Einziehung ist hingegen die Einberufung in eine Armee. Gott ist unser Vater, nicht unser General. Obwohl Jesus unser Herr ist, ist Er auch unser älterer Bruder. Das letztendliche Ziel Gottes ist nicht ein Arbeitstrupp oder eine Streitkraft, es ist eine Familie.

Gott will, dass wir Seine Söhne und Töchter sind. Er will, dass wir ein Teil seiner Familie sind. Er will unsere Beteiligung. Er will eine Beziehung mit uns. Deshalb entwarf Er einen Plan, um dies zu erreichen. Er musste zuerst ein Problem lösen, das als Hindernis zwischen Ihm und uns stand – die Sünde!

Sünde hat die Menschheit von Gott getrennt. Die Sünde schaffte eine Kluft, die wir nicht überbrücken konnten. Die Sünde erzeugte dieses Hindernis, das uns stets davon abhalten würde, Gott zu lieben, ihm zu vertrauen und mit Ihm innige Gemeinschaft zu haben. Die Herrschaft der Sünde begann mit Adam und dauert in der Welt bis heute an.

Das erste Buch Mose gibt uns Einblick in die Art und Weise, wie die Sünde die Beziehung des Menschen mit Gott beeinflusst hat. Einer der traurigsten Verse der Bibel ist 1. Mose 3,8: *»Und sie hörten die Stimme Gottes des HERRN, der im Garten wandelte, als der Tag kühl war; und der Mensch und seine Frau versteckten sich vor dem Angesicht Gottes des HERRN hinter den Bäumen des Gartens.«* So wie Gott den gesamten Menschheitsplan in Gang gesetzt hatte, so wie er jeden Aspekt der Schöpfung initiiert hatte, so wie er gleich zu Beginn eine Beziehung zum Menschen eingegangen war, so ging auch dieser Besuch bei Adam an diesem Tag von ihm aus. Doch zum ersten Mal antwortete der Mensch nicht. Er versteckte sich vor Gott. Von diesem Tag an bis heute weicht der Mensch der Einladung Gottes aus. Der Mensch weigert sich, Gott nahe zu kommen und ihn zu erleben.

In 1. Mose 3,9 heißt es: *»Da rief Gott der HERR den Menschen und sprach: Wo bist du?«* Vom Originaltext ausgehend spricht einiges dafür, dass Gott rief, um Frieden zu machen. Gott wollte Frieden. Doch Adam glaubte, Gott wolle ihn richten. Bis zum heutigen Tag leben furchtsame Menschen mit dieser Vermutung.

Leider erfahren nicht nur die Verlorenen diese Angst vor Gott. Selbst wenn Menschen errettet wurden, ziehen sie sich oft vor der Nähe Gottes zurück. Unter Gläubigen mangelt es häufig an Vertrauen, was Gottes Wunsch nach Nähe mit uns anbelangt. Viele Menschen haben eine nagende Angst in sich. Sie glauben nicht wirklich, dass sie von Gott angenommen wurden.

Wir bilden uns ein, dass wir zuerst versuchen müssen, fromm genug zu sein, um eine Beziehung mit Gott haben zu können. Doch unsere Bemühungen, angenommen zu werden, gleichen dem Verhalten Adams. Adam war vor Gott immer nackt gewesen. Doch wegen seiner neuen Fähigkeit, Gut und Böse unterscheiden zu können, entschied Adam nun, dass Gott ihn nicht nackt sehen sollte. Also machte Adam einen Schurz aus Feigenblättern. Gott suchte Adam im Garten. Adam dachte, dass er so nicht vor Gott stehen könne. Dann tat er das, wovon er dachte, es mache ihn annehmbar. Schon Adam hatte eine falsche Sicht, nicht erst wir heute. Wenn Gott die Nähe mit Adam nicht gewollt hätte, wäre Er nicht in den Garten gekommen, um nach Adam zu suchen.

Wie die Furcht Adam beeinflusste, so beeinflussen auch unsere Ängste unser Verhalten, und zwar in einem solchen Ausmaß, dass eine erfüllende Beziehung mit Gott für uns unmöglich wird. Wir glauben nicht, dass Gott uns durch Jesus zu erreichen versucht. Er hat uns für Gott annehmbar gemacht. Er wollte eine Beziehung. Er hat alles getan, um diese Beziehung zu ermöglichen.

Eine erfüllende Beziehung ist das Produkt von Liebe, Vertrauen und persönlichem Engagement. In dem Ausmaß, wie diese Faktoren vorhanden sind, wird eine Beziehung wachsen. Gibt es keine Liebe, kein Vertrauen oder kein persönliches Engagement, dann entsteht keine wahre Beziehung. Es handelt sich dann höchstens um eine »Zweckbeziehung«, aber es entsteht niemals eine persönliche, liebevolle Bindung.

Wir müssen Zeit mit Gott verbringen, um diese Faktoren zu entwickeln und zu erfahren. Wenn du mit jemandem Zeit verbringst, der freundlich zu dir ist, dann wirst du Vertrauen entwickeln. Jedes persönliche Engagement trägt dazu bei, diese Beziehung zu entwickeln. Doch du wirst keine Zeit mit jemandem verbringen, wenn du nicht glaubst, dass jener dich akzeptiert. Du wirst Gott niemals erfahren können, solange die Sache mit dem Frieden nicht geklärt ist.

Was eine Beziehung mehr als alles andere verhindert, ist Angst. Angst löste alle möglichen negativen Emotionen und Handlungen aus. Angst ist die Wurzel der Täuschung und des Betrugs. Du kannst niemals ehrlich zu jemandem sein, wenn du dich davor fürchtest, was dieser Mensch dir antun oder wie er auf dich reagieren wird. Du kannst niemals du selbst sein. Du bist zu sehr mit dem Verbergen deiner Fehler beschäftigt, als dass du eine Beziehung entwickeln könntest.

Dies alles begann im Garten Eden. Der Mensch begann, vor Gott wegzulaufen, und hat niemals damit aufgehört, weil er vor Gott Angst hat. Wir glauben nicht wirklich, dass Gott gut über uns denkt und dass Er uns gegenüber gute Gefühle hat. Wir haben nicht zugelassen, dass die Liebe uns von der Macht der Angst erlöst.

Es könnte durchaus sein, dass die Sündennatur nicht einfach nur eine Natur ist, die ein starkes Verlangen nach Sünde hat. Es gibt klare Anhaltspunkte dafür, dass die Wurzel der Sündennatur Furcht ist. Furcht war das erste Gefühl, das Adam zeigte, nachdem er vom Baum der Erkenntnis von Gut und Böse gegessen hatte. Es war die Furcht, die Adam dazu bewog, sich vor Gott zu verstecken. Es ist die Furcht, die uns zu sündigem Handeln verleitet, anstatt uns auf Gott vertrauen zu lassen.

Angst und Unglaube gehen Hand in Hand. Wo das eine ist, ist immer auch das andere. Weil wir uns vor Gott fürchten, vertrauen wir Ihm nicht. Weil wir Ihm nicht vertrauen, kommen wir nicht zu Ihm, um in Zeiten der Not Kraft und Hilfe zu erhalten. Weil wir uns fürchten, glauben wir nicht, dass Er uns Seine Verheißungen wirklich geben wird.

Wovor hat der Mensch Angst? Wir haben Angst davor, dass Gott uns nicht annimmt, dass Er mit uns nicht zufrieden ist. Wir haben Angst davor, dass wir Seinen Erwartungen nicht entsprechen, und dass Er Fehler in uns entdecken und uns bestrafen wird. Wir haben Angst, weil wir nicht glauben, dass wir gerecht sind.

Diese Angst hindert uns an einer offenen, ehrlichen Beziehung mit Gott. Sie hindert uns an einer ehrlichen und offenen Kommunikation. Sie zerstört alle Möglichkeiten, Gott kennenzulernen.

Sie macht uns emotional unsicher. Sie bringt Qualen in unser Leben. Die Liste der negativen Auswirkungen von Angst ist endlos.

Einige sagen vielleicht: »Ich dachte, man soll Gott gegenüber Furcht empfinden.« Tatsächlich gibt es in der Bibel zahlreiche Schriftstellen, die vom Wert der Gottesfurcht berichten. Schauen wir uns die Ermahnungen, Gott zu fürchten, näher an:

Einerseits gibt es Schriftstellen, die uns auffordern, Gott zu fürchten. Andererseits beginnt Gott sein Reden oft mit den Worten: »Fürchte dich nicht!« Ich habe festgestellt, dass ich meistens etwas missverstehe, wenn ich auf solche Widersprüche stoße.

1. Johannes 4,18 sagt uns: »... *die völlige Liebe treibt die Furcht aus.*« Dies bedeutet, dass Furcht und Liebe nicht nebeneinander bestehen können. Wenn ich in der Liebe Gottes wachse, verschwindet die Angst vor Gott aus meinem Leben. Ich weiß, dass Gott Liebe ist. Ich weiß, dass Gott will, dass ich Seine Liebe erfahre. Aber wie steht es mit der Gottesfurcht?

Als Jesus versucht wurde, zitierte Er eine Schriftstelle aus dem Alten Testament. »*Da spricht Jesus zu ihm: Weiche, Satan! Denn es steht geschrieben: ›Du sollst den Herrn, deinen Gott, anbeten und ihm allein dienen!‹*« (Mt 4,10). Jesus zitierte aus 5. Mose 6,13, wo geschrieben steht: »*du sollst den HERRN, deinen Gott, fürchten und Ihm dienen und bei Seinem Namen schwören.*« Jesus wandelte das Wort »fürchten« zu »anbeten« um.

Unter dem Wort »Furcht« im Alten Testament lassen sich besser Gefühle wie Ehrerbietung, Respekt und Liebe verstehen, die Anbetung hervorbringen. Wir sollten vor Gott in einer Weise Ehrfurcht empfinden, die uns zur Anbetung und nicht zu Angst veranlasst. Gott will nicht, dass wir Angst vor Ihm haben.

Wenn wir uns vor Gott fürchten müssten, würde das einen Widerspruch zu dem darstellen, was wir über Jesus, Sein Leben und Sein Werk wissen. Furcht macht eine ehrliche Beziehung unmöglich. Sie hält uns von allem fern, was Jesus für uns vollbracht hat. Er kam, um uns zum Vater zurückzuführen. Er machte unsere Aufnahme in diese Familie möglich.

Die religiösen Führer der Tage Jesu stellten Gott völlig falsch dar. Sie ließen Gott als hart und richtend erscheinen. Sie veränderten die Bedeutung und das Ziel des Gesetzes. Sie ließen Gott den Menschen gegenüber unnahbar wirken.

Jesus kam und stellte der Welt Gott auf echte Weise dar. Er sagte:»Wenn ihr mich gesehen habt, habt ihr den Vater gesehen.« In Hebräer 1,3 steht geschrieben, dass Jesus das genaue Ebenbild Gottes war. Jesus war für die Menschen zugänglich. Er war barmherzig. Er war aufgeschlossen. Er wollte eine Beziehung. Dies war ein krasser Gegensatz zu dem Bild, das die jüdischen Führer von Gott geschaffen hatten, und es ist teilweise auch widersprüchlich zu dem Gott, den die Kirche darstellte.

Jesus zeigte uns Gott, damit wir den Mut bekommen, eine erfüllende Beziehung mit Ihm einzugehen. Gott will unsere Nähe. Er will unsere Herzen. Er will eine Beziehung mit uns.

*Kapitel 3*

# DIE FROHE BOTSCHAFT CHRISTI

Jesus kam und predigte das Evangelium vom Königreich Gottes. Das Wort »Evangelium« bedeutet »Frohe Botschaft«. Jesus predigte immer gute Nachrichten. Wenn Scharen von Menschen geheilt wurden, geschah es, weil sie die Frohe Botschaft gehört hatten. Wenn es Wunder gab, geschahen diese, weil die Menschen die Frohe Botschaft hörten. Wenn Menschen sich von ihren Sünden abkehrten, dann deshalb, weil sie die Frohe Botschaft gehört hatten.

Die religiösen Führer in den Tagen Jesu predigten den Menschen. Doch was sie über Gott erzählten, waren niemals gute Nachrichten, sondern immer nur schlimme. Sie befreiten die Menschen nicht, sondern überhäuften sie mit Regeln und Vorschriften. Sie brachten die Menschen dazu, sich vor Gott zu fürchten. Sie waren schuld daran, dass die Menschen Gott als kleinlich, hart und verurteilend sahen. Weil sie niemals gute Nachrichten predigten, erreichten sie auch nie gute Ergebnisse.

Wenn sich Menschen vor Gott fürchten, dann können sie nicht nur keine wahre Beziehung aufbauen, sondern sie können auch niemals wirklich produktiv sein. Jesus erzählte ein Gleichnis von einem Mann, der nur eine Gabe hatte. Er weigerte sich, diese Gabe zu nutzen, weil er sich vor Gott fürchtete. Angst fesselt, beschränkt und zerstört uns.

Trotz bester Versuche bewirkten die religiösen Führer in den Tagen Jesu nichts. Was sie sagten, setzte die Menschen nicht frei; es schränkte sie ein. Sie wussten von Gott, doch sie wussten nichts von der FROHEN BOTSCHAFT über Gott. Die Pharisäer hatten den Menschen viel Negatives, Gesetze und Werke aufgeladen, doch sie rührten keinen Finger, um ihre Last zu erleichtern.

Jesus las aus den gleichen Heiligen Schriften vor, betete zum selben Gott, doch Er verkündete gute Dinge und gute Nachrichten. In meinem Herzen klang es wie eine Freiheitsglocke: Jesus verkündete den Menschen immer die FROHE BOTSCHAFT. Dadurch wurde ihr Glaube gefestigt, ihre Sehnsucht nach Gott verstärkt und ihr Vertrauen in den Einen erneuert, der ihnen vorher so fern und gleichgültig schien. Als sie herausfanden, dass Gott ein guter Gott ist, geschahen Wunder.

Im Galaterbrief 1,8 sagt Paulus: »*Aber wenn auch wir oder ein Engel vom Himmel euch etwas anderes als Evangelium predigen würde außer dem, was wir euch verkündigt haben, der sei verflucht!*« Wir sind von der guten Nachricht abgewichen. Das religiöse System von heute basiert auf dem Bild eines zornigen Gottes. Wenn die Menschen in die Kirche gehen, werden sie oft »geschlagen« anstatt genährt. Ich habe mich dessen ebenso schuldig gemacht wie viele andere Diener des Wortes. Während ich diese Worte im Galaterbrief las, explodierte es in meinem Herzen: »Wenn es keine Frohe Botschaft ist, dann ist es nicht das Evangelium.«

Es gab Zeiten, in denen ich mehrere hundert Menschen pro Jahr für Jesus gewann. Gott sprach damals zu mir und sagte: »Wenn du die gute Nachricht zu predigen beginnst, dann tust du wirklich etwas für mich.« Ich war beleidigt. Was meinte Er mit den Worten »wenn du die gute Nachricht zu predigen beginnst?« Ich dachte, ich würde das Evangelium bereits predigen. Doch dann schaute ich mir genauer an, was ich den Menschen predigte; es waren fast immer schlechte Nachrichten. Wenn mir die Menschen von ihren Problemen erzählten, war ich nicht gemein oder richtend, doch ich hatte kein Wort für sie, das Zweifel ausräumte und ausnahmslos gut war. Ich hatte kein Wort, das die Menschen stets befreite. Kurzum: Ich hatte keine Frohe Botschaft. Paulus sagt in Römer 1,16: *»Denn ich schäme mich des Evangeliums nicht; denn es ist Gottes Kraft zur Rettung für jeden, der glaubt.«* Die Frohe Botschaft Jesu ist die Kraft Gottes. Ohne die Frohe Botschaft gibt es keine Kraft.

Das Wort »Heil« kommt vom griechischen Wort *sozo. Sozo* bedeutet mehr als Wiedergeburt. Es bedeutet Heilung, Schutz, Befreiung, Sicherheit und eine Menge weiterer guter Dinge. Wenn ich keine Frohe Botschaft predige, kann die Kraft Gottes kein Heil (*sozo*) in das Leben verletzter Menschen bringen.

Die Frohe Botschaft bringt nicht allen neues Leben, sondern nur denjenigen, die glauben. Als Jesus anfing, öffentlich zu predigen, verkündete Er, warum der Geist des Herrn auf Ihm war – um die Frohe Botschaft zu predigen (siehe Lk 4,18). Er hatte gute Nachrichten für die Armen, die Trauernden, die Gefangenen, die Blinden und die Zerschlagenen. Wir finden die Frohe Botschaft in Lukas 4,19: *»zu predigen das angenehme Jahr des Herrn.«* Was könnte Er damit gemeint haben?

Das Gnadenjahr des Herrn ist das Jubeljahr. Alle fünfzig Jahre wurden die Schulden gestrichen. Ganz egal, wie legitim eine Schuld sein mochte, sie wurde gestrichen. Die Menschen wurden ohne ihr eigenes Bemühen von ihrer Schuld befreit. Die Schuld wurde gelöscht. Mit der Schuld wurde auch die Strafe für die Schuld gestrichen. Jeder gute Jude wusste, dass Fluch die Strafe für einen Gesetzesbruch war, wie es im alten Bund heißt. Wenn ein Fluch über jemanden kam, wusste man, dass er es verdiente. Ein solcher Mensch konnte nicht Gott dafür verantwortlich machen. Doch zu all diesen Flüchen – Armut, Trauer, Gefangenschaft, Blindheit und Zerschlagenheit – sagte Jesus: »Die Schuld ist nun getilgt.« Das ist die Frohe Botschaft an alle Bedürftigen. Die Schuld des Gesetzes ist getilgt. Ich kann nun frei von Strafe für meine Sünde sein.

Jesus machte immer wieder klar, dass diese Befreiung sowohl die Vergebung der Sünden beinhaltet als auch die Erlösung vom Fluch des Gesetzes. Die Pharisäer haben das nie geglaubt und folglich auch keinen Anteil daran gehabt. Sie mögen Gott geliebt haben, doch sie fühlten sich durch die Frohe Botschaft beleidigt. Ungeachtet dessen, was wir vielleicht denken, hatten die Pharisäer doch etwas übrig für Gott. Ihr Glaube mag verdreht gewesen sein, doch Gott muss für ihr Leben sehr wichtig gewesen sein, wie sonst hätten sie eine so strenge Lebensweise durchhalten können?

In der Archko-Ausgabe kommt die Angst der Pharisäer bezüglich der Botschaft Jesu zum Ausdruck. Sie fürchteten, die Menschen würden in Sünde verfallen, wenn sie der Frohen Botschaft Glauben schenkten. Sie verstanden nicht, dass das Gesetz nur den äußeren Menschen beeinflusst, während Barmherzigkeit und Liebe positive Auswirkungen am inneren Menschen haben. Jesu Botschaft der Vergebung wurde unterstellt, einen liederlichen und ausschweifenden Lebensstil zu fördern.

Doch die Menschen, welche die Frohe Botschaft Jesu gehört hatten, wandten sich Gott in Liebe zu. Die Frohe Botschaft bewirkte, dass die Menschen Gott, den zu fürchten sie gelehrt worden waren, wieder vertrauten. Sie bewirkte, dass die Menschen sich wieder näher an den Einen heranwagten, vor dem sie sich versteckt hatten. Sie bewirkte, dass die Menschen von der Sünde befreit wurden und eine Beziehung mit Gott eingingen.

Die Predigt der Frohen Botschaft hatte Erfolg, wo das Gesetz versagte. Indem Jesus predigte und ihnen die Güte Gottes demonstrierte, konnten die Menschen entsprechend darauf reagieren. Die natürliche Antwort auf Güte ist Wertschätzung, Dankbarkeit, Hingabe und Gemeinschaft. So erkennen wir die Tatsache, dass das Evangelium (die Frohe Botschaft) die Kraft Gottes zur Errettung, zur Heilung, zur Befreiung und zur Erlangung jeder anderen Verheißung ist, die Gott gegeben hat.

## Kapitel 4

# DAS KREUZ CHRISTI

*»Denn ich hatte mir vorgenommen, unter euch nichts anderes zu wissen, als nur Jesus Christus, und zwar als Gekreuzigten. Und ich war in Schwachheit und mit viel Furcht und Zittern unter euch. Und meine Rede und meine Predigt bestand nicht in überredenden Worten menschlicher Weisheit, sondern in Erweisung des Geistes und der Kraft, auf dass euer Glaube nicht auf Menschenweisheit beruhe, sondern auf Gotteskraft«* (1Kor 2,2–5).

Diese Worte verfolgten mich jahrelang. Was bedeuteten sie wirklich? Predigte Paulus nur die Botschaft der Errettung (die Erfahrung, von neuem geboren zu werden)? Predigte er nur über das Kreuz und nichts anderes? Ich musste wissen, was gemeint war.

Manchmal ist das Einfache und Offensichtliche am schwersten zu begreifen. Mit der Zeit erkannte ich, dass alles Verständnis, jede Offenbarung, alles, was Gott für uns getan hat, nur durch das vollendete Werk des Kreuzes verstanden werden kann. Ich erkannte, dass das Evangelium nur durch den Tod, das Begräbnis und die Auferstehung des Herrn Jesus verstanden werden kann.

Jede Lehre des Neuen Testaments erklärt und verweist auf die Geschehnisse am Kreuz. Das Kreuz ist die Grundlage des gesamten neuen Bundes. Es ist die Grundlage für meine Beziehung mit Gott. Es ist die Grundlage für jeden Aspekt des Christenlebens. Jegliche Wahrheit basiert auf dem Kreuz. Jede Botschaft, die nicht damit übereinstimmt, was Jesus am Kreuz vollbracht hat, ist ganz einfach nicht wahr.

Hebräer 1,1–2 sagt: »*Nachdem Gott in vergangenen Zeiten vielfältig und auf vielerlei Weise zu den Vätern geredet hat durch die Propheten, hat er in diesen letzten Tagen zu uns geredet durch den Sohn. Ihn hat er eingesetzt zum Erben von allem, durch ihn hat er auch die Welten geschaffen.*« Bevor Jesus ans Kreuz ging, hatte Gott auf vielerlei Weise, durch viele verschiedene Menschen, in vielen verschiedenen Situationen gesprochen. Nun aber hat Er alles, was Er uns zu sagen hatte, durch den Sohn gesagt – vor allem durch dessen Tod, Begräbnis und Auferstehung. Gott spricht auf keine andere Weise. Er hat keine anderslautende Botschaft. Was am Kreuz passiert ist, bildet die Grundlage der Frohen Botschaft, die Gott für die Welt hat.

Das Kreuz muss der Mittelpunkt werden, um die Wahrheit zu verstehen, zu interpretieren und zu beurteilen. Anders gesagt, alles was ich in der Bibel finde, muss mit der Botschaft des Kreuzes übereinstimmen. Stimmt es mit dem überein, was Jesus am Kreuz vollbracht hat, oder steht es im Widerspruch dazu? Dass man die Lehre nicht im Licht des vollendeten Kreuzeswerks interpretierte, war der Hauptgrund, weshalb es in der Vergangenheit zu Verwirrung und zu widersprüchlichen Lehren kam. Da wir es unterlassen haben, unser gesamtes Glaubenssystem auf dem Kreuz aufzubauen, haben wir – was unsere Beziehung mit Gott anbelangt – irrigerweise zum alten Bund zurückgeblickt. Weil die Botschaft des Kreuzes in unseren Augen zu gut schien, um wahr zu sein, haben wir im Unglauben versucht, Gott auf anderen Wegen zu erkennen und zu erfahren.

Am Kreuz bezahlte Jesus den Preis für die Sünde und befreite uns vom Fluch des Gesetzes. Doch wir schauen immer noch auf das Gesetz und glauben, unser Verhalten werde uns vor dem Fluch bewahren. Am Kreuz wurde Jesus bestraft, damit wir nun Frieden haben können. Aber in unserem Unglauben leben wir in der Erwartung, dass Gott uns strafen wird. Am Kreuz wurde Jesus mit unseren Krankheiten geschlagen, damit wir Heilung haben können. Doch wir schauen immer noch zu den Bedingungen des Gesetzes, wenn wir Heilung erwarten. Am Kreuz besiegte Jesus die Sünde. Dennoch versuchen wir, sie durch eigene Kraft zu besiegen. Am Kreuz besiegte Jesus den Tod durch die Auferstehung und erlangte Gerechtigkeit, wir jedoch wollen noch immer durch unsere Werke gerecht werden. Wir haben uns vom Kreuz abgewandt.

Obwohl das Kreuz die zentrale Botschaft des Evangeliums ist, haben wir darin versagt, uns so daran zu orientieren, wie Paulus und die frühe Gemeinde es getan haben. Wir haben es zwar theoretisch als Höhepunkt des Christentums akzeptiert, doch in Wirklichkeit verleugnet unsere Lehre und deren praktische Anwendung das Kreuz total. Anstatt vom vollendeten Werk Jesu abhängig zu sein, hängt alles von uns ab. Wir sind uns unserer eigenen Werke stärker bewusst als Seines Werkes. Wir setzen fälschlicherweise uns anstatt Jesus und Sein vollendetes Werk ins Zentrum unserer Beziehung mit Gott.

Kurz gesagt: Wir werden die Kraft Gottes niemals erleben, bis unser Glaube im Kreuz und nicht in der Weisheit von Menschen gegründet ist. Die Wahrheit des Kreuzes ist die Grundlage für den wahren biblischen Glauben. Aus Glauben zu leben bedeutet, von dem, was Jesus am Kreuz vollbracht hat, abhängig zu sein, darauf zu vertrauen, sich daran zu klammern und Kraft daraus zu schöpfen. Alles andere ist bloß ein Trugbild.

Für uns als Christen ist selbstverständlich die Person Jesus Gegenstand unseres Glaubens. Doch wir können das, was Er getan hat, nicht von Seiner Person trennen. Ohne an Sein vollendetes Werk zu glauben, kann der Glaube nicht wirksam sein. Das ist die Grundlage des Glaubens. Glaube (Vertrauen), der auf etwas anderem basiert, ist Einbildung. Er wäre gleichbedeutend mit einer Ablehnung des Kreuzes Christi.

Das bringt uns dazu, uns selbst ein paar ernste Fragen zu stellen: Weiß ich wirklich, was Jesus am Kreuz vollbracht hat? Wenn ja, glaube ich wirklich daran? Ist das Kreuz Christi der zentrale Punkt, um den sich mein Leben dreht, oder ist es nicht mehr als eine Zugabe zum Alten Testament?

Paulus sagt dies in 1. Korinther 1,17: »*denn Christus hat mich nicht gesandt zu taufen, sondern das Evangelium zu verkündigen, nicht in Redeweisheit, damit nicht das Kreuz Christi entkräftet werde.*« Wir predigen Christus, doch wir predigen nicht wirklich das Kreuz Christi, wenigstens nicht so, wie Paulus und die frühe Kirche es verstanden haben. Aus diesem Grund erzielen wir nicht dieselben Ergebnisse wie er.

Einige der tiefgründigsten, bewegendsten und anspruchsvollsten Predigten, die ich je gehört hatte, basierten nicht auf dem Kreuz. Sie klangen weise. Sie klangen logisch. Sie handelten von Jesus. Sie handelten von Treue und Einsatz Jesus gegenüber. Doch diese Botschaften brachten niemanden je an den Punkt, Gott aufgrund dessen zu vertrauen, was Jesus durch Seinen Tod, Sein Begräbnis und Seine Auferstehung vollbracht hat.

Andererseits habe ich viele herzbewegende Botschaften über das Kreuz gehört. Ich habe geweint, weil ich so gerührt war. Als ich jedoch wegging und über das Gehörte nachdachte, erkannte ich, dass diese Predigten niemals die Vorsorge, die Gott durch das Kreuz getroffen hatte, anerkannten.

Ich selbst habe mich so sehr der Botschaft des Kreuzes hingegeben, dass ich in der Bibel etwas nur dann verstehen kann, wenn ich es im Licht des Kreuzes verstehe. Wenn das, was ich glaube, nicht mit dem Kreuz übereinstimmt, muss ich erkennen, dass ich noch nicht verstehe. Ich beginne erst allmählich zu begreifen, warum Paulus nur Jesus, und zwar Jesus als den Gekreuzigten, gepredigt hat.

## Kapitel 5

# FRIEDE AUF ERDEN

Jesus ist der Friedefürst. Gott der Vater ist der Gott des Friedens. Die Frucht des Geistes ist Friede. Es wird uns gesagt, dass wir den Frieden Gottes in unseren Herzen regieren lassen sollen. Aber warum erfahren viele Christen diesen Frieden nicht?

Ganz im Gegenteil – bei vielen ist das christliche Leben von Angst, Schuld und Verurteilung geprägt. Laut einer Studie haben evangelische Christen ein geringeres Selbstwertgefühl als die meisten Angehörigen anderer Religionen. Hindus zum Beispiel haben ein weit besseres Selbstwertgefühl als evangelische Gläubige. Auch Katholiken haben ein weit besseres Selbstwertgefühl als evangelische Gläubige.

Ein geringes Selbstwertgefühl unter den Christen ist das Ergebnis von Angst in unserer Beziehung mit Gott. Anstatt die Wahrheit über unsere neue Identität in Jesus zu glauben, anstatt zu glauben, was Gott aus uns gemacht hat, versuchen wir so zu werden, wie Gott uns unserer Meinung nach haben will.

Wir verhalten uns wie Adam. Adam wurde nach dem Bild Gottes geschaffen. Satan sagte: »Wenn du das tust, wirst du wie Gott sein.« Adam war bereits wie Gott, doch er glaubte es einfach nicht. Wir wurden durch Jesus gerecht. Der Verführer sagt zu uns: »Wenn ihr das tut, werdet ihr wie Jesus werden.« Wir sind schon wie Jesus – wir glauben es nur nicht.

Anstatt unser Tun das Ergebnis dessen sein zu lassen, was wir sind, versuchen wir, durch unser Tun erst zu dem zu werden, was wir bereits sind.

Wenn ich denke, dass ich etwas werden muss, um von Gott akzeptiert zu werden, dann glaube ich auch, dass ich in meinem gegenwärtigen Zustand für Gott nicht annehmbar bin. Das Ergebnis: Anstelle von Frieden herrschen Minderwertigkeitsgefühle, Ablehnung und Angst im Herzen. Ich bin dann rastlos anstatt gelassen, zweifelnd anstatt glaubend.

In Kolosser 3,15 heißt es: »*Und der Friede Christi herrsche in euren Herzen, zu welchem ihr auch berufen seid in einem Leibe. Seid auch dankbar!*« Mein Herz soll immer von Frieden beherrscht werden. Niemals soll ein anderes Gefühl meine Gedanken, Gefühle und Handlungen beherrschen.

Doch die Wahrheit ist, dass ich niemals Frieden haben werde, wenn ich das glaube, was Christen größtenteils über Gott lehren. Ich werde niemals diesen bleibenden Frieden erfahren, der jede meiner Entscheidungen und jeden meiner Gedanken bestimmt. Stattdessen werde ich in Angst und Furcht davor leben, was Gott mir antun könnte. Ich werde immer danach streben, den Anforderungen nachzukommen, die mir das religiöse System auferlegt.

Jesus kam, um Frieden zu bringen. Als Er sich bereit machte, die Erde zu verlassen, sagte er: »*Frieden hinterlasse ich euch; meinen Frieden gebe ich euch. Nicht wie die Welt gibt, gebe ich euch; euer Herz erschrecke nicht und verzage nicht!*« (Joh 14,27). Ich muss diesen Frieden in meinem Herzen regieren lassen. Ich muss zulassen, dass Sein Friede mich vor Angst und vor einem verzagten Herzen beschützt.

Mit dem Frieden mit Gott ist es gleich wie mit allem anderen, was ich glaube: Ich muss auf das Kreuz schauen, um die Grundlage für diesen Frieden zu finden. Ich will keinen falschen Frieden, der nicht auf der Wirklichkeit basiert. Ich will nicht auf mich selbst und meine Werke schauen, um daraus abzuleiten, wie viel Frieden ich haben kann. Ich will auf das Werk Jesu schauen. Ich will einen Frieden, dessen Fundament darin besteht, was Er für mich getan hat.

Als Jesus geboren wurde, erschienen den Hirten im Umland von Bethlehem Engel. Deren Verkündung der Geburt unseres Herrn und Retters war überwältigend. Die Freude im Himmel ließ sich nicht mehr zurückhalten, als die Engel anhoben: *»Und der Engel sprach zu ihnen: Fürchtet euch nicht! Denn siehe, ich verkündige euch große Freude, die dem ganzen Volk widerfahren soll. Denn euch ist heute ein Retter geboren, welcher ist Christus, der Herr, in der Stadt Davids. … Und plötzlich war bei dem Engel die Menge der himmlischen Heerscharen, die lobten Gott und sprachen: Ehre sei Gott in der Höhe und Friede auf Erden, an den Menschen ein Wohlgefallen!«* (Lk 2,10–11.13–14).

Diese Ankündigung war so glorreich, dass sie nicht dem Himmel vorbehalten bleiben konnte. Gute Neuigkeiten kamen von Gott zu den Menschen. Diese Bekanntgabe war die wichtigste, die Gott den gefallenen Menschen je gemacht hatte. Zum ersten Mal, seit Adam sich im Garten Eden der Gegenwart Gottes entzogen hatte, gab es Frieden zwischen Gott und den Menschen.

Die Menschen hatten bereits Wunder erfahren. Sie hatten Heilungen gesehen. Jedes Wunder im Neuen Testament gab es auch schon zu Zeiten des alten Bundes. Es war nicht die Botschaft von den Wundern und Zeichen, die zu gut war, um zurückgehalten zu werden, sondern es war die Botschaft vom Frieden zwischen Gott und den Menschen.

Mein ganzes Leben lang habe ich christliche Banner gesehen, die »Friede auf Erden und Wohlwollen den Menschen gegenüber« verkündeten. Diese Worte wurden immer in einen Zusammenhang gestellt, bei dem es darum ging, dass die Menschen untereinander Wohlwollen und Frieden haben sollen. Dies ist zwar eine noble Ermahnung, doch es handelt sich dabei nicht um die wahre Botschaft, die den Menschen auf der Erde verkündet wurde.

Zum ersten Mal gab es Frieden zwischen Gott und den Menschen. Durch die Ankunft des Retters sollte etwas geschehen, das den Frieden zwischen Gott und den Menschen herstellen würde. Der Mensch würde mit Gott versöhnt werden. Der Mensch würde ganz wiederhergestellt, sodass er wieder mit Gott in Gemeinschaft leben kann.

Gott wollte immer Frieden zwischen sich und dem Menschen. Er ließ den Menschen in einem Garten leben, der Paradies genannt wird. Zwischen Gott und dem Menschen herrschte perfekte Harmonie. Als der Mensch sündigte, bestand die Sünde nicht allein darin, Gott nicht zu gehorchen. Der Mensch erwarb sich dazu noch eine neue Fähigkeit. Die Fähigkeit, selbst zu entscheiden, was gut und was böse ist. So entstanden selbstauferlegte Richtlinien über Gerechtigkeit und Ungerechtigkeit. Durch diese selbstauferlegten Richtlinien wurde der Mensch Gott gegenüber ängstlich. Er vertraute nicht länger den Richtlinien der Wahrheit Gottes und begann seine eigenen Richtlinien zu entwickeln.

Wenn er diesen selbstauferlegten Richtlinien nicht zu entsprechen vermochte, wurde er von Angst befallen. Er nahm an, dass ihm diese Furcht von Gott gegeben wurde und verhielt sich Gott gegenüber dementsprechend. Darum gab es keinen Frieden zwischen Gott und dem Menschen. Dieses schreckliche Syndrom finden wir noch heute in den Herzen der Menschen.

Mit der Ankunft des Retters würde das Problem der Angst gelöst werden, und zum ersten Mal seit dem Verhängnis im Garten Eden würde Frieden zwischen Gott und den Menschen herrschen. Das Problem der Angst war nämlich so mächtig, dass der Mensch nicht von der Sünde befreit werden konnte, ehe er nicht von seiner Angst befreit würde. Im Hebräerbrief 2,15 heißt es, dass Jesus uns von der Macht des Bösen erlöste, indem Er uns von der Angst des Todes befreite: »*und alle diejenigen befreite, welche durch Todesfurcht ihr ganzes Leben hindurch in Knechtschaft gehalten wurden.*«

Nachdem der Mensch gesündigt hatte, wollte Gott noch immer das Beste für ihn. Das Gesetz wurde nicht gegeben, um den Menschen gerecht zu machen. Es gab niemals ein Gesetz, das ihn gerecht machen konnte. Das Gesetz wurde dem Menschen von einem liebevollen Vater gegeben, damit er eine Möglichkeit hätte, dem Fluch der Sünde zu entgehen. Außerdem wurde es aufgestellt, damit ein sündiger Mensch die Gnade und den Segen Gottes erhalten konnte, auch wenn er beides eigentlich nicht verdient hatte. Selbst als der Mensch durch die Sünde tot und ein Feind Gottes war, liebte Gott ihn so sehr, dass Er nur das Beste für ihn wollte.

Die Gerechtigkeit verlangt, dass die Sünde am Fleisch desjenigen bezahlt werden muss, der die Sünde begangen hat. Unter dem Gesetz konnte der Mensch den Fluch höchstens umlenken. Doch es gab unter dem Gesetz niemals Frieden. Der Mensch fürchtete sich immer vor Verurteilung. Er kämpfte ständig damit, den Erwartungen gerecht zu werden. Die menschliche Natur war sündhaft, deshalb war sich der Mensch der Sünde stets bewusst. Es herrschte immer Angst. Es herrschte immer Feindschaft zwischen Gott und dem Menschen.

Wegen des Gesetzes fürchteten sich die Menschen und vertrauten nicht auf Gott. Immerzu hegten sie böse Gedanken in ihren Herzen. Deshalb war Gott unter dem Gesetz zornig. Im Psalm 7,11 heißt es: »*Gott ist ein gerechter Richter und ein Gott, der täglich zürnt.*« Als die Sünde herrschte, war Gott zornig. Die Gerechtigkeit verlangte, dass Gott die Sünde am Fleisch des Menschen richtete.

Mit der Ankunft des Messias gab es für Gott und die Menschen einen Neuanfang. Gottes Plan für die Menschen hatte sich nicht geändert. Gott änderte den alten Bund nicht einfach in einen neuen um. Er hatte 4000 Jahre lang darauf hingearbeitet, die Menschen endlich Seine Liebe erfahren lassen zu können. Durch Jesus gelang es. Endlich war eine liebevolle Beziehung zwischen Gott und den Menschen möglich. Es konnte nun endlich Frieden geben.

Heute haben wir etwas, das keine Generation vor dem Kreuz von Golgatha je hatte. Wir können Frieden mit Gott haben. Er hat die Sünde besiegt. Er hat uns gerecht gemacht. Er findet keine Fehler an uns, weil wir vom Blut des Lammes reingewaschen wurden.

In dieser liebevollen Umgebung des Friedens und der Akzeptanz können wir ohne Furcht zu Gott kommen. Wir können eine wahre Beziehung zu Ihm aufbauen. Wir brauchen keine Angst zu haben, dass Er uns verstoßen oder verletzen wird. Wir leben in Frieden.

## Kapitel 6

# DIE STRAFE, DIE UNS FRIEDEN BRACHTE

Wenn ein Mensch von seiner Ungerechtigkeit befreit wird, kann er mit Gott Frieden haben. Wenn Friede herrscht, kann Freundschaft gedeihen. Freundschaft kann nur dann existieren, wenn keine Feindschaft mehr besteht.

*»Da wir nun durch den Glauben gerechtfertigt sind, so haben wir Frieden mit Gott durch unsren Herrn Jesus Christus«* (Röm 5,1). Das Wort »gerechtfertigt« geht auf dasselbe Wurzelwort zurück wie das Wort »gerecht«. Wenn jemand weiß, dass er gerecht ist, wird er mit Gott in Frieden leben. Aber was noch wichtiger ist: Gott wird mit *ihm* in Frieden leben. Ein solcher Mensch wird nicht länger Angst vor Verurteilung und Tod haben.

In Jesaja 53,5 heißt es: *»Aber Er wurde durchbohrt um unserer Übertretung willen, zerschlagen wegen unserer Missetat; die Strafe, uns zum Frieden, lag auf Ihm, und durch Seine Wunden sind wir geheilt.«* Jesus litt nicht wegen Seiner eigenen Sünden; Er hatte niemals gesündigt. Er litt für unsere Übertretungen und Ungerechtigkeiten. Er starb für die Menschheit, doch Er war mehr als nur ein »Sündenopfer«.

Über Jahrtausende waren die Juden zu den Priestern gegangen und hatten Opfer dargebracht, die Jesus symbolisierten. Ihr Opfer war ein Sinnbild, ein Schatten; jedoch hatten diese Opfer keine wahre reinwaschende Kraft. Bei Jesus war es anders. Sein Tod war nicht symbolisch, Er war die Erfüllung des Schattenbildes.

Die Juden mussten gemäß dem Gesetz bei ihren Opfern stehen und ihre Sünden bekennen. Dann wurden sie Zeugen der Schlachtung und waren obendrein selbst am Töten des Sündopfers beteiligt. Mit eigenen Augen konnten sie sehen, wie diese unschuldigen Tiere den Tod erlitten, den sie selbst verdient hatten. Dann sahen sie, wie die Tiere als Zahlung für begangene Sünden und zum Zweck der Beschwichtigung verstümmelt und verbrannt wurden. Sie übten ihren Glauben aus und vertrauten darauf, dass Gott sie nicht richten würde, weil durch den Tod der Tiere der Gerechtigkeit Genüge getan war. Das Blut der Tiere brachte keine Vergebung, doch es wandte den Zorn Gottes ab oder besänftigte ihn zumindest. Das Blut symbolisierte die Verurteilung der Sünde. Das Todesurteil wurde über diese Tiere verhängt, die stellvertretend für die Sünder starben. *»Und fast alles wird nach dem Gesetz mit Blut gereinigt, und ohne Blutvergießen geschieht keine Vergebung«* (Hebr 9,22).

Bei einer Opferung unter dem alten Bund war es wichtig, die Sünden zu bekennen. Matthew Henry sagt: »Die Menschen mussten ihre Sünden genau schildern, und sie mussten das im Glauben tun, sonst sprach Gott sie nicht frei.« Es bestand niemals der geringste Zweifel, dass die Opfertiere für die Sünden anderer büßten. Dies alles war ein Symbol für das tatsächliche Ereignis, das eines Tages im Herrn Jesus stattfinden würde. Während die damalige Handlung nur symbolisch war, geschah am Kreuz die wahre Erlösung.

Am Kreuz machte Gott durch einen neuen Bund Frieden mit den Menschen. Dieser Bund wurde nicht mit dem Blut eines Tieres, sondern durch das sündlose Blut des Herrn Jesus Christus besiegelt. Dieser Bund wurde in Seinem Blut geschlossen. Doch was bedeutet das wirklich? Die Schrift sagt in 2. Korinther 5,21: *»Denn Er hat den, der von keiner Sünde wusste, für uns zur Sün-*

de gemacht, auf dass wir in Ihm Gerechtigkeit Gottes würden.« Jesus wurde buchstäblich zur Sünde! Er war nicht bloß ein Opfer. Er wurde buchstäblich zur Sünde.

Jesaja 53,6 sagt es so: »... *aber der HERR warf unser aller Schuld auf Ihn.*« Im alten Bund bekannten Sünder ihre Sünden über einem stellvertretenden Opfer. In diesem neuen Bund bekannte ein liebender Gott die Sünden der Welt über Jesus. Doch im Gegensatz zu den anderen Opfern wurden die Sünden tatsächlich auf Jesus übertragen. Er wurde zur Sünde.

Das erklärt, warum Jesus ein Mensch werden musste. Der Mensch brachte die Sünde in die Welt; nur ein Mensch konnte Gerechtigkeit in die Welt bringen. Ein Mensch brachte den Tod; nur ein Mensch konnte vom Tod erlösen. Der Mensch sündigte; darum musste ein Mensch sterben. Alle Sünden der Welt wurden auf Jesus übertragen, und in Ihm wurde über alle Gericht gehalten.

Bevor Jesus ans Kreuz ging, verkündete Er: »*Jetzt ergeht ein Gericht über diese Welt!*« Das Gericht über die Sünden dieser Welt fand vor 2000 Jahren statt. Jesus fuhr fort: »*und ich, wenn ich von der Erde erhöht bin, werde alle zu mir ziehen*« (Joh 12,31–32). In manchen Bibelübersetzungen wie z. B. der englischen King James Version steht »alle Menschen«, aber das wurde in Kursivschrift geschrieben, d. h. ursprünglich stand es nicht dort.

Nicht alle *Menschen* wurden zu Jesus gezogen. Niemals werden alle Menschen zu Jesus gezogen werden. Doch eines geschah – das Gericht über alle Menschen und die *Sünden* aller Menschen wurden am Kreuz zu Ihm gezogen. Er wurde für uns zur Sünde, und dann erduldete Er für uns die Bestrafung.

Bis zu dieser Zeit war die Welt (die Menschheit) ein Feind Gottes. Unsere sündhafte Natur hielt uns in Sünden gebunden, und unser Gewissen verleitete uns dazu, vor Gott wegzulaufen. Gott sah sich verpflichtet, die Sünde im Menschen zu bestrafen. Doch die Situation änderte sich mit Jesus.

In 1. Johannes 2,2 heißt es über Jesus: »*und Er ist das Sühnopfer für unsre Sünden …*« Das Wort »Sühnopfer« hat verschiedene Bedeutungen, aber es wird am besten als Beschwichtigung verstanden. Jesus ist die Beschwichtigung für unsere Sünden. Beschwichtigen bedeutet zufriedenstellen. Was beschwichtigte Jesus? Er beschwichtigte den Zorn Gottes, der die gerechte Strafe des Gesetzes ist. Der Zorn wurde durch Jesus beschwichtigt. »*Wie viel mehr werden wir nun, nachdem wir durch sein Blut gerechtfertigt worden sind, durch ihn vor dem Zorngericht errettet werden!*« (Röm 5,9). In Jesus sind wir gerecht gemacht (gerechtfertigt) worden. In Ihm ist der Zorn Gottes beschwichtigt worden. Wie machte Er das? Er ertrug den Zorn, den wir verdienten.

»*Gott aber beweist seine Liebe gegen uns damit, dass Christus für uns gestorben ist, als wir noch Sünder waren*« (Röm 5,8). Der Tod Christi zeigt uns Gottes Liebe zu den Menschen nur dann, wenn wir verstehen, welcher Preis dafür zu bezahlen war. Gott musste seinen einziggeborenen, geliebten Sohn, der völlig ohne Sünde war, mit aller Härte für etwas bestrafen, das dieser nie begangen hatte. Seine nicht weniger große Liebe zu den Menschen ließ ihm keine Wahl. Und Jesus hat die Strafe für unsere Sünden nicht einfach nur auf sich genommen, sondern Er *wurde* buchstäblich zur Sünde. Wenn Er nicht zur Sünde geworden wäre, dann wären die Menschen nicht von der Macht der Sünde frei geworden. Jesus wurde zu jeder erdenklichen Art von Sünde. Er wurde nicht einfach nur zu irgendeiner Sünde, Er wurde zu *unseren* Sünden. Er wurde zu jeder Sünde, die ein Mensch je begehen kann. Er vereinte alle Sünden der Welt in sich. Wenn Er nicht zu allen unseren speziellen Sünden geworden wäre, hätte Er die Strafe dafür nicht empfangen können. Erinnere dich, dass unter dem alten Bund jede einzelne Sünde speziell bekannt werden musste. Jesus wurde zu unserer individuellen Sünde, und Er nahm unsere individuelle Bestrafung auf sich. Deswegen ist Er es wert, unser Herr zu sein.

Weil der Preis für deine speziellen Sünden bezahlt worden ist, hast du keinen Grund, dich vor dem Gericht Gottes zu fürchten. Du hast keinen Grund zu fürchten, dass Er dich ablehnt. Deine Strafe wurde am Herrn Jesus Christus vollzogen. Der Glaube vertraut darauf und tritt in eine Beziehung mit dem Vater.

Wir brauchen keine Angst vor einer zornigen Züchtigung durch den Herrn zu haben. Erinnern wir uns, dass es in 1. Johannes 4,18 heißt: »*Furcht ist nicht in der Liebe, sondern die vollkommene Liebe treibt die Furcht aus, denn die Furcht hat mit Strafe zu tun; wer sich nun fürchtet, ist nicht vollkommen geworden in der Liebe.*« Wenn wir erwarten, dass Gott uns straft, sobald wir versagen, heißt das, dass wir nicht an die Güte Seiner Liebe glauben und dass wir das Opfer Jesu am Kreuz zurückweisen.

Das lässt jedoch sofort an Hebräer 12,6 denken: »*Denn wen der Herr lieb hat, den züchtigt er, und er schlägt jeden Sohn, den er annimmt.*« Hier steht es – wenn Gott uns liebt, wird Er uns züchtigen. Das ist wahr, doch es besteht ein Unterschied zwischen dem Wort »züchtigen«, das Jesaja verwendet, und dem, das an dieser Stelle des Hebräerbriefs gebraucht wird.

Dieses Wort im Hebräerbrief hat nicht die Bedeutung von »schlagen« oder »prügeln«. Es ist vielmehr ein Wort für das Erziehen, Lehren und Unterweisen eines Kindes, damit es auf dem rechten Weg bleibt. Wenn man das Wort »züchtigen« nachschlägt, wird man leider dennoch in vielen Konkordanzen ein Wort mit einer stark negativen Bedeutung vorfinden.

Als der Katholizismus die Kirche im Mittelalter beherrschte, wurde die Wahrheit oft verdreht. Es gilt als Tatsache, dass die Verdrehung der Wahrheit die Finsternis des Mittelalters herbeiführte, genauso wie es unsere Verdrehung der Wahrheit ist, die uns in die Finsternis führt. In dieser Zeit definierten die Kirchenväter die Wortbedeutungen neu. Sie verdrehten die Schrift, um ein Mittel zur Verfügung zu haben, mit dem sie die Menschen manipulieren und kontrollieren konnten.

Erzbischof Trench erklärt in seinem Buch *Synonyme des griechischen Neuen Testaments*, wie Augustinus und andere Kirchenväter die Bedeutung solcher Wörter wie »Züchtigung« und »Disziplin« verändert haben, sodass wir nun negative Vorstellungen mit ihnen verbinden.

Ursprünglich waren diese Wörter tatsächlich sehr positiv. Um seine korrupte Glaubenslehre zu rechtfertigen, gab Augustinus zwar zu, dass diese Worte ursprünglich bedeuteten, ein Kind zu erziehen, doch in einem religiösen Zusammenhang müsse man dem Wort eine stärkere Bedeutung geben. Seit diesem Zeitpunkt haben wir die Worte des Neuen Testaments fälschlicherweise mit »Züchtigung« übersetzt.

Wir sehen Gott immer noch als einen verärgerten Gott. Wir haben uns geweigert, zum Kreuz zu gehen, um unsere Theologie korrekt zu deuten, folglich wollen wir die Tatsache nicht glauben, dass Jesus am Kreuz gezüchtigt wurde, um uns von der Züchtigung zu befreien.

Da wir keine Angst vor einem verärgerten Gott haben müssen, der uns im Zorn züchtigt, können wir Frieden in unseren Herzen haben. Wir können den Frieden zwischen uns und Gott annehmen.

## Kapitel 7

# VON DER STRAFE BEFREIT

Jeder weiß, dass Gott Sünde bestraft. Jeder weiß, dass Gott Sünde hasst. Doch nur wenige erkennen, wie Gott die Sünde bestrafen kann, ohne dabei den Menschen zu vernichten.

Als Jesus am Kreuz hing, wurde Er zu unserer Sünde. Gott bestrafe die Sünde und verfluchte sie, wie sie es rechtmäßig verdient hat. In Jesaja 53,5 heißt es: »*Er wurde durchbohrt um unserer Übertretung willen, zerschlagen wegen unserer Missetat; die Strafe, uns zum Frieden, lag auf ihm, und durch seine Wunden sind wir geheilt ...*« Als Jesus zur Sünde wurde, bestrafte Gott die Sünde an Ihm, um uns von diesem Gericht zu befreien.

Dies ist mehr als nur eine Erlösung von der zukünftigen Hölle. Die Erlösung beinhaltet auch die Befreiung vom Fluch und der Bestrafung unserer Sünden im gegenwärtigen Leben. Die Juden hofften auf eine Auferstehung nach dem Tod, aber sie hatten keine gute Nachricht für das Hier und Jetzt. Sie sahen Gott als verurteilend und zornig, bis Jesus kam und ihnen die frohe Botschaft der Befreiung vom Fluch des Gesetzes brachte; die frohe Botschaft, wie Gott mit der Sünde verfahren würde; die frohe Botschaft, dass sie NUN von der Strafe befreit waren!

Galater 3,13 sagt es so: »*Christus aber hat uns losgekauft von dem Fluch des Gesetzes, da er zum Fluch wurde für uns – denn es steht geschrieben (5Mo 21,23): ›Verflucht ist jeder, der am Holz hängt‹.*« Jesus wurde zum Fluch für uns. Anders gesagt, Er erlitt den Fluch, damit wir ihn nicht erleiden müssen. Er erlöste uns vom Fluch der

Sünde. Als Er am Kreuz hing, wurde der Zorn Gottes in Form des Fluches gemäß dem Gesetz über Ihn ausgegossen. Jede Strafe, die wir für unsere Sünden verdient hätten, hat Jesus erlitten. Wie sehr sollten wir das schätzen! Was für einen ehrfurchtsgebietenden Preis hat Er doch bezahlt! Was für eine Freiheit wir haben! Welch vollendete Liebe hat Gott den Menschen gezeigt!

Leider werden niemals alle Menschen diese wunderbare Liebe Gottes erfahren. Weil die Kirche einen zornigen Gott predigt, werden viele Menschen nie erkennen, wie weit Gott gegangen ist, um ihnen diese Freiheit zu ermöglichen. Doch Gott ist nicht länger zornig. Sein Zorn ist beschwichtigt worden.

Psalm 22 ist einer von zahlreichen Psalmen, die das Strafgericht des am Kreuz hängenden Jesus bildlich beschreiben. Es ist nicht schwer zu verstehen, dass das Leiden Jesu mehr als nur ein Opfer für die Sünde war. Es war ein Opfer, das selbst zur Sünde wurde und daraufhin Bestrafung erntete. Vers 15 und 16: »*Meine Kraft ist vertrocknet wie eine Scherbe, und meine Zunge klebt an meinem Gaumen, und du legst mich in des Todes Staub. Denn Hunde umringen mich, eine Rotte von Übeltätern schließt mich ein; sie haben meine Hände und Füße durchgraben*« (Psalm 22,16–17).

Warum waren die Glieder von Jesus ausgerenkt? Warum wurde Er so viel mehr gequält als die beiden Diebe, die gemeinsam mit Ihm gekreuzigt wurden? Warum starb Er so früh? Die Schrift sagt, dass Jesus an etwas anderem als an der bloßen Kreuzigung starb.

Der Tod durch Kreuzigung geschah langsam und war schmerzhaft. Manchmal zog er sich tagelang hin. Aus diesem Grund brachen die Soldaten die Beine der zwei Männer, die mit Ihm gekreuzigt worden waren. Wegen des bevorstehenden hohen Feiertages wollte man ihren Tod beschleunigen, um sie rechtzeitig herunternehmen zu können. Die lange Dauer des Todesaktes war einer der schlimmsten Aspekte dieser Todesart. Doch zum Erstaunen der

Menschen war Jesus schon am Ende des ersten Tages tot, und das ohne Nachhelfen durch die Soldaten.

Jesus starb, weil er sein Leben *aufgab*. Der Fluch des Gesetzes war über ihn ausgegossen und Gottes Zorn gestillt, nun blieb nur noch, die Herrschaft des Todes zu brechen und sein Erlösungswerk zu vollenden. Jesu Tod war somit ein bewusster Akt – motiviert von der Liebe zu den Menschen. Jesaja 53,3 sagt: *»Verachtet war Er und verlassen von den Menschen, ein Mann der Schmerzen und mit Krankheit vertraut.«* Vers 4 fährt fort: *»Doch wahrlich, unsere Krankheit trug Er, und unsere Schmerzen lud Er auf sich.«* In Matthäus 8,17 wird dieser Vers zitiert mit dem Verweis auf dessen Erfüllung. Jesus trug unsere Krankheiten und unsere Gebrechen, weil sie die Folge der Sünde waren. Sie waren der Fluch, den wir verdienten.

Unter dem Gesetz war Gott verpflichtet, den Sünder mit dem Fluch zu bestrafen, wie er im fünften Buch Mose, Kapitel 28, beschrieben ist. Ein bedeutender Teil dieses Fluches war Krankheit. Dazu kamen Armut, Qualen und schwere Prüfungen. Jesus konnte uns nur auf eine Weise von den Folgen der Sünde befreien und zwar, indem er diese Folgen stellvertretend für uns erlitt. Alles andere hätte die gerechten Forderungen des Gesetzes nicht erfüllen können.

Nachdem Gott alle Sünden auf Jesus übertragen hatte, schlug Er Jesus mit dem Fluch. Jesaja 53,5 sagt: *»… durch seine Wunden sind wir geheilt.«* Jahrelang wurde ich gelehrt, dass dies die Wunden waren, die durch die römischen Soldaten verursacht wurden. Aus vielen Gründen konnte ich das nie mit meinem Herzen in Einklang bringen. Nachdem ich das näher untersucht hatte, fand ich heraus, dass das Wort, das hier und im Neuen Testament mit »Wunden« übersetzt wird, tatsächlich »Quetschungen« bedeutet. Mit anderen Worten: »wir sind durch Seine Blutergüsse geheilt worden.« In Vers 5 heißt es: »*Er wurde durchbohrt um unserer Übertretung willen, zerschlagen wegen unserer Missetat.*« Vers 10 sagt, dass es Gott zufriedenstellte, Ihn zu zerschlagen und Ihn krank zu machen. Gott »zermalmte« Jesus mit meiner Krankheit. Wenn das wahr ist – und das ist wahr! – dann brauche ich mich niemals davor zu fürchten, dass Gott mich mit Krankheit schlagen wird, denn Jesus hat bereits für mich gelitten.

Genauso wird es auch in 2. Korinther 8,9 formuliert: »*Denn ihr kennt ja die Gnade unseres Herrn Jesus Christus, dass er, obwohl er reich war, um euretwillen arm wurde, damit ihr durch seine Armut reich würdet.*« Obwohl Jesus reich war, litt Er Armut, weil dies ein Teil des Fluches gemäß dem Gesetz war. Die Armut, die Er durchlitt, war die Armut, die wir hätten erleiden müssen. Ebenso wurde Er von Gott verstoßen, damit wir nicht verstoßen werden. Mehr noch, weil Er verstoßen wurde, haben wir die Sicherheit, dass wir immer angenommen sein werden.

Jesus erlitt jede Strafe, welche die Sünde je verdiente. Wenn uns solche Dinge zustoßen, dann sind sie nicht von Gott gesandt. Wenn Gott auch nur einen Teil des Fluches des Gesetzes über uns ausgießen würde, wäre dies eine Verleugnung des Kreuzes Christi.

Jesaja 54,15 sagt, dass diese Dinge geschehen werden, doch sie werden nicht von Gott gesandt werden. Erinnere dich daran, dass der Teufel ein Gesetzesbrecher ist. Er gehorcht dem Gesetz Gottes nicht. Er wird diese Dinge über dich bringen, wenn du ihn gewähren lässt.

Gott hat Seinen Teil erledigt, indem Er dich von der Sünde befreit hat. Du musst deinen Teil erledigen, indem du dem Teufel widerstehst. Er flieht nur dann, wenn du ihm widerstehst. Du bist dafür verantwortlich.

In 1. Petrus 5,9 steht: »*dem widersteht, fest im Glauben!*« Indem wir die Wahrheit glauben, widerstehen wir dem Teufel. Wenn wir unseren Glauben ausüben – wenn wir auf Gott vertrauen – widerstehen wir dem Teufel. Er versucht, uns in die Irre zu führen. Wenn ich einer Lüge glaube, kann ich nicht davon profitieren, was Gott für mich bereitgestellt hat.

Ich muss der Angst widerstehen, ich muss der Krankheit widerstehen, ich muss jedem Teil des Fluches widerstehen, indem ich an die Wahrheit glaube. Ich wurde von der Strafe, die ich eigentlich verdient hätte, erlöst. Dank Jesus und Seinem Werk am Kreuz wurde mir ein Segen gegeben, den ich eigentlich nicht verdient habe.

Die wichtigsten Mittel des Teufels, die er gegen die Menschheit einsetzt, sind Täuschung und Unwissenheit. Wenn wir von den Dingen, die am Kreuz geschehen sind, nichts wissen, werden wir denken, dass Gott uns für unser Versagen bestraft. Auch wenn wir es verdient hätten, ist es doch nie Gott, der uns quält.

In diesem Leben kommt es leicht vor, dass man sich beim Sündigen ertappt. Weil wir von der Strafe der Sünde befreit wurden, verlieren wir jedoch unsere Beziehung mit Gott deswegen nicht. Weil wir von der Strafe befreit wurden, sind wir auch von der Angst befreit, die uns von der einzigen Quelle der Hilfe trennen könnte.

Gibt es Strafe, so sehen sich die Menschen gezwungen, sich zu verteidigen. Dies führt zu Lüge, Täuschung und weiteren Sünden. Gibt es keine Strafe, können Menschen, die reinen Herzens sind, Hilfe von einem liebenden Vater bekommen.

*Kapitel 8*

# DER AUSTAUSCH

»Denn Christus ist, als wir noch kraftlos waren, zur bestimmten Zeit für Gottlose gestorben. ... Gott aber beweist seine Liebe zu uns dadurch, dass Christus für uns gestorben ist, als wir noch Sünder waren. Wie viel mehr nun werden wir, nachdem wir jetzt durch sein Blut gerechtfertigt worden sind, durch ihn vor dem Zorn errettet werden! Denn wenn wir mit Gott versöhnt worden sind durch den Tod seines Sohnes, als wir noch Feinde waren, wie viel mehr werden wir als Versöhnte gerettet werden durch sein Leben! Aber nicht nur das, sondern wir rühmen uns auch Gottes durch unseren Herrn Jesus Christus, durch den wir jetzt die Versöhnung empfangen haben«* (Röm 5,6.8–11).

Die Bibel sagt ganz klar, dass wir einmal Feinde Gottes waren. Kolosser 1,21 erklärt das sehr deutlich: »*Auch euch, die ihr einst entfremdet und feindlich gesinnt wart in den bösen Werken ...*« Gott war niemals unser Feind, doch wir waren Feinde Gottes.

Im Brief an die Kolosser heißt es, dass wir in unserem Sinn durch unsere bösen Taten Feinde waren. Anders ausgedrückt, das war nur in unserem Denken so. Es hatte mit der Realität nichts zu tun. Gott war niemals ein Feind der Menschheit. Gott wollte die Menschheit immer von der Sünde und ihren Auswirkungen befreien und erlösen.

Doch wenn wir sündigen, verdammt uns unser Herz. Wir bekommen Angst vor Gott. Wir treffen ein Urteil über Ihn und sind der Meinung, dass Er uns unserer bösen Taten wegen hassen muss.

Wir stellen uns vor, wie Er sich angesichts dieser Situation fühlen muss, und handeln danach.

Gott löste dieses Problem, indem Er durch das Kreuz mit uns Frieden schloss. Kolosser 1,20 sagt: »*... und durch ihn alles mit sich selbst zu versöhnen, indem er Frieden machte durch das Blut seines Kreuzes – durch ihn, sowohl was auf Erden als auch was im Himmel ist.*«

Als Gott dieses Problem löste, goss Er den Fluch des Gesetzes über Jesus aus. Er befreite uns von der Strafe der Sünde. Doch Gott erlöste uns nicht nur vom Zorn. Sein Ziel war, uns Seine Liebe, Sein Leben und Seine Annahme erfahren zu lassen, wodurch wir eine erfüllende Beziehung mit Ihm eingehen können.

Im Brief an die Galater steht sehr deutlich, dass Gott uns nicht nur vom Fluch befreite, sondern uns die Möglichkeit gab, alle Verheißungen und Segnungen zu erhalten, die Er in vergangenen Zeiten gegeben hatte. »*Christus hat uns losgekauft von dem Fluch des Gesetzes, indem er ein Fluch wurde um unsertwillen (denn es steht geschrieben: ›Verflucht ist jeder, der am Holz hängt‹), damit der Segen Abrahams zu den Heiden komme in Christus Jesus, damit wir durch den Glauben den Geist empfingen, der verheißen worden war*« (Gal 3,13–14).

Befreiung vom Zorn ist nur die Hälfte dessen, was am Kreuz geschehen ist. Das Wort »versöhnen« hat mehrere starke und positive Bedeutungen. Eine Bedeutung lautet »Austausch«. Als wir Feinde Gottes waren, wurden wir ausgetauscht. Indem Er für unsere Sünden starb, nahm Jesus unseren Platz ein, damit wir Seinen einnehmen können. Mit anderen Worten, er nahm unseren Zustand und den Verdienst für unser Leben an, während wir seinen Zustand und den Verdienst für Sein Leben erhielten.

In Johannes 10,10 sagt Jesus es so: »*Der Dieb kommt nur, um zu stehlen, zu töten und zu verderben; ich bin gekommen, damit sie Le-*

*ben haben und es im Überfluss haben.*« Er ist nicht nur gekommen, um uns von den Folgen der Sünde zu befreien. Er kam, um uns in das Zentrum des Willens Gottes zu stellen, wo wir Gottes Verheißungen und Segnungen erhalten können.

Gott wollte für den Menschen immer nur das Beste. Das wurde uns schon durch den Garten Eden offenbar gemacht. Adam wurde in diesem Garten bestens versorgt und lebte im Überfluss. Es gab im Garten Eden weder Mangel noch Krankheit, Leid oder Schmerz. Gott zeigte dem Menschen Seine Liebe durch dieses für ihn geschaffene Paradies. Es war der Mensch, der den Garten zu dem machte, was die Welt von heute ist. Mit der Sünde kamen die Zerstörung, der Schmerz, das Leid, die Krankheit und die Armut. Die Sünde wurde durch den Teufel initiiert und gelangte durch den Menschen ins Paradies. Dies war weder Gottes Wunsch noch sein Gericht. Es war das Gesetz von Saat und Ernte.

In der gesamten Geschichte der Bibel ist zu sehen, dass es Gottes Wunsch ist, den Menschen Seinen Segen zu geben. Als Gott Männer und Frauen fand, die Ihm glaubten und Ihm gehorchten, übergoss Er sie mit Seiner Güte. Viele der Patriarchen waren sehr wohlhabende Männer. Einige von ihnen waren aus heutiger Sicht Multimillionäre. Sogar das Gesetz traf Vorsorge für Gottes Segnungen. Gott wollte immer, dass wir in Seinem Reichtum und Seiner Kraft leben. Lebte man nicht nach dem Gesetz Gottes, kam man unter den Fluch; gehorchte man dem Gesetz, wurde man mit Segen und Verheißungen überschüttet. Das Gesetz war voller wunderbarer Verheißungen Gottes. Diese Verheißungen beinhalteten Gesundheit, Heilung, Wohlstand, Erfolg, Friede und Freude. Doch man musste vor Gott ein vollkommenes Leben führen, ehe man solchen Segen erfahren konnte.

Die Schwäche des Gesetzes war das Fleisch (siehe Röm 8,3). Weil das Fleisch schwach war, fand sich der Mensch fortwährend in einem Zustand, in dem er es verdiente, verflucht zu werden. Und weil das Fleisch schwach war, fand sich der Mensch selten in einem Zustand, in dem er mit Segen belohnt werden konnte. Das gesamte Gesetz basierte auf der jeweiligen Leistung jedes einzelnen Menschen. Der neue Bund hingegen basiert auf der Leistung des *einen* Menschen, Jesus Christus.

Jesus war der Eine, der ein sündloses Leben führte. Er war der Eine, der zur Sünde wurde, die Strafe der Sünde erlitt und die Sünde dann durch Seine Auferstehung besiegte. Der neue Bund hängt voll und ganz vom vollbrachten Werk Jesu ab. Durch unseren Glauben haben wir teil an diesem vollendeten Werk.

Römer 5,11 sagt aus, dass wir durch Jesus JETZT die Versöhnung empfangen haben. Das Wort »Versöhnung« bedeutet im Prinzip dasselbe wie das Wort »Sühne« in den vorangehenden Versen. Anders gesagt haben wir in Jesus den Austausch, und dieser ist im JETZT gültig. Der Austausch wird nicht erst in der Zukunft wirksam werden. Er wurde wirksam, als Jesus sich zur rechten Hand des Vaters setzte. Wir beginnen daran teilzuhaben, wenn wir daran glauben.

Das Wort »Sühneopfer« mit seiner Bedeutung, die es im alten Bund hatte, taucht im Neuen Testament nirgendwo auf. »Sühneopfer« bedeutet in der hebräischen Sprache »bedecken«. Alles, was die Gläubigen des alten Bundes vom Blut der Tiere erhielten, war eine »Bedeckung«.

Wir erhalten durch Jesus keine Bedeckung. Wir erhalten einen Austausch. Es ist ein Austausch, der mich von der Sünde befreit und mir Seine Gerechtigkeit gibt. Meine Sünden werden nicht bedeckt. Sie existieren nicht mehr. Gott tut nicht einfach so, als existierten sie nicht mehr – SIE EXISTIEREN TATSÄCHLICH NICHT MEHR. Wenn Er mich anschaut, muss Er nicht so tun, als wäre ich gerecht. Ich BIN gerecht durch den Herrn Jesus.

Als Jesus von den Toten auferstand, besiegte Er die Sünde und den Tod. Er besiegte nicht die Sünde im Allgemeinen; Er besiegte meine spezielle, konkrete Sünde und garantiert mir so einen konkreten Sieg über meine spezielle Sünde. Er hat mich in der Neuheit des Lebens auferweckt. Die Qualität des Lebens, die Jesus jetzt hat, ist die Qualität des Lebens, die der Vater hat, und ich bekomme Anteil an dieser Lebensqualität.

Das griechische Wort zur Beschreibung der Lebensqualität, die wir durch Jesus erlangen, ist »zoe«. Das ist eine Lebensqualität, die der Eine besitzt, der sie gibt. Weil Jesus diese Lebensqualität erlangt hat, erhalte ich sie. Erinnere dich, dass das Erbe, das Ihm zuteilwurde, dasjenige ist, das ich erhalte. Ich habe die Lebensqualität, die Gott hat. Ich erhalte sie durch den Herrn Jesus.

Im Austausch erhalten wir Seine Gerechtigkeit. Diese Gerechtigkeit ermöglicht es uns, alle Verheißungen Gottes zu erlangen. Kolosser 1,12 sagt: »... *indem ihr dem Vater Dank sagt, der uns tüchtig gemacht hat, teilzuhaben am Erbe der Heiligen im Licht.*« Die Worte »tüchtig gemacht« kann man auch mit »qualifizieren« übersetzen. In anderen Worten hat Gott uns dazu qualifiziert, Sein Erbe zu erhalten. Wie hat Er uns das ermöglicht? In Jesus.

Durch eigene Verdienste erhalte ich nichts von Gott. Stattdessen erhalte ich jede Verheißung aufgrund des vollendeten Werkes Jesu. So sagt es die Schrift: »... *auf dass sich vor Gott kein Fleisch rühme*« (1Kor 1,29). Mein Vertrauen gründet nicht auf meinen eigenen Werken, sondern auf denen von Jesus. Ich bin durch Ihn qualifiziert und erhalte das Erbe durch den Glauben. Nicht durch Glaube, der sagt, dass ich in und aus mir selbst gerecht bin; nicht durch Glaube, der sagt, dass ich es wert bin; nicht einmal durch Glaube, der sagt, dass ich genug Glauben habe, sondern durch den Glauben, der sagt, dass Jesus alles vollbracht hat.

Weil ich in Jesus bin und Seine Gerechtigkeit habe, gilt mir jede Verheißung, die Gott jemals irgendjemandem in der Bibel gegeben hat. *»Denn so viele Verheißungen Gottes es gibt – in ihm ist das Ja, und in ihm auch das Amen, Gott zum Lob durch uns!«* (2Kor 1,20). Weil ich von der Werkegerechtigkeit frei bin, kann ich ohne Angst und Furcht in Jesus ruhen. Außerdem kann ich nicht anders, als ein Leben der Anbetung und des Lobpreises zu führen. Ich kann nicht anders, als dem Einen, der so viel für mich getan hat, immerfort zu danken. Weil ich weiß, dass ich gerecht bin, weil ich weiß, dass mein Herz nach Gerechtigkeit strebt, weil ich weiß, dass ich von der Sünde erlöst bin, drängt mich meine innerste Überzeugung dazu, mich der Sünde zu enthalten. Warum sollte ich sündigen? Ich bin gerecht in Jesus.

Was dies anbelangt, bringen wir sehr leicht den alten und den neuen Bund durcheinander. Wir kehren oft zu den Werken als Grundlage für unsere Beziehung zu Gott zurück. Doch wenn wir auf Werke vertrauen, ist es keine Verheißung mehr. *»… wer aber Werke verrichtet, dem wird der Lohn nicht als Gnade angerechnet, sondern nach Schuldigkeit«* (Röm 4,4). Werke sagen, dass Gott uns etwas schuldig ist. Gnade und Glaube sagen, dass Gott etwas verheißen hat.

Werke sagen, dass ich Gott zu einer Antwort bewegen kann. Glaube (Vertrauen) ist meine Antwort auf das, was Gott durch Jesus getan hat. Werke setzen die Betonung auf das, was ich gemacht habe. Glaube setzt die Betonung auf das, was Jesus getan hat. Werke sehen auf meine Gerechtigkeit um davon meine Qualifikation abzuleiten. Glaube sieht auf die Gerechtigkeit Jesu und leitet meine Qualifikation davon ab.

Das Leben, das ich nun lebe, ist das ausgetauschte Leben. Jesus erhielt, was ich verdient hätte. Ich erhalte, was Er verdiente. Er wurde zu meiner Sünde gemacht, und ich wurde zu Seiner Gerechtigkeit gemacht. Er erhielt die Strafe, die meine Sünde verdiente, ich erhalte die Segnungen, die Seine Gerechtigkeit verdient. Weil Er verstoßen wurde, werde ich angenommen. Weil Er bestraft wurde, erhalte ich Frieden mit Gott. Durch Ihn wurde ich Gott gegenüber ausgetauscht.

*Kapitel 9*

# GLAUBENSGERECHTIGKEIT

Als Apostel für die Nichtjuden wurde Paulus ein besonderer Einblick in unsere Identität in Jesus gewährt. Er hatte mit Menschen zu tun, die nichts über das Gesetz wussten. Gott wollte sie nicht unter dem Gesetz haben. Er wollte nicht, dass sie Gesetz und Gnade vermischten. Deswegen sandte Er ihnen einen Menschen, der nach dem Gesetz gelebt hatte und Jesus dennoch brauchte.

Mehr als irgendjemand sonst wusste Paulus von der Vergeblichkeit der Werkegerechtigkeit. Er sprach wiederholt davon, was wir in Christus sind. Alles, was wir haben, und alles, was wir tun, ist das Ergebnis des vollendeten Werkes des Herrn Jesus. Erinnere dich: Paulus wurde zu Menschen geschickt, die dem alttestamentlichen Gesetz nach keine Hoffnung hatten. Und als die Judaisierer kamen und versuchten, das Gesetz mit dem Glauben durcheinander zu bringen, bestätigte er fortwährend, dass Christus in uns die Hoffnung der Herrlichkeit ist (siehe Kol 1,27). Wir müssen nicht auf das Gesetz hoffen.

Wir müssen unsere Hoffnung nicht in irgendwelche unserer guten Werke setzen. Doch wir müssen unsere Hoffnung vertrauensvoll in Christus Jesus setzen als unsere Hoffnung der Herrlichkeit. Paulus wusste, dass das Geheimnis der Kraft Gottes die Glaubensgerechtigkeit ist, eine Botschaft, die fleischlich Gesinnte immer verwirrt.

Glaubensgerechtigkeit ist eine Botschaft, die nur durch Offenbarung verstanden wird, nichtsdestotrotz ist sie eine Botschaft, die für den Sieg jedes Gläubigen wichtig ist. Ohne absolutes Vertrauen, dass wir vor Gott gerecht dastehen, kann es keine absolute Zuversicht auf die Verheißungen geben. Und durch diese Verheißungen entfliehen wir dem Verderben, das durch die Lust in dieser Welt herrscht (siehe 2Petr 1,4).

Paulus wusste, dass Werkegerechtigkeit nicht Freiheit, sondern Gebundenheit mit sich bringt – sie *bewirkt* überhaupt erst Gebundenheit. Er wusste auch, dass die Glaubensgerechtigkeit der einzige Weg ist, wie man Jesus kennenlernen kann. Sie ist der einzige Weg zur Gemeinschaft mit Ihm und um alles zu erfahren, was Jesus uns durch Sein Leiden erworben hat. Und sie ist der einzige Weg, wie wir die Macht seiner Auferstehung erfahren können (siehe Phil 3,10). Menschen, denen die Glaubensgerechtigkeit fehlt, erhalten niemals wirkliche Befreiung vom Fleisch und von den verschiedenen Sünden, die im Fleisch wirksam sind.

Paulus schätzte alle seine Werke, alle seine Qualifikationen und all sein persönliches Engagement gering, damit er »*in ihm erfunden werde, indem ich nicht meine eigene Gerechtigkeit habe, die aus dem Gesetz kommt, sondern die durch den Glauben an Christus, die Gerechtigkeit aus Gott aufgrund des Glaubens*« (Phil 3,9). Die Glaubensgerechtigkeit stellt Jesus in den Mittelpunkt von allem, was wir sind, was wir haben und was wir durch Gott tun können. Sie erkennt die Nichtigkeit unserer eigenen Bestrebungen nach Gerechtigkeit an und macht sich von der Gerechtigkeit Jesu abhängig, die in allen Lebensbereichen offenbar werden soll.

Die Glaubensgerechtigkeit ist das Herzstück der Botschaft vom Kreuz, denn am Kreuz fand ein Austausch statt. In diesem Austausch hat Gott »*den, der von keiner Sünde wusste, für uns zur Sünde gemacht, auf dass wir in ihm Gerechtigkeit Gottes würden*« (2Kor 5,21). Diese Botschaft befreit uns von der Sünde und erlöst uns von den Werken des Fleisches.

Wenn wir nicht an die Gerechtigkeit glauben, die durch den Austausch zustande kam (siehe Kapitel 8 in diesem Buch), dann bleibt nur die Werkegerechtigkeit übrig. Doch durch die Werke des Gesetzes oder Fleisches ist noch kein Mensch jemals gerecht geworden (siehe Röm 8,3 und Gal 2,16). Werkegerechtigkeit ist ein Leben der Gesetzlichkeit, bei der die Gnade Gottes ausgeschaltet wird, die in uns wirken will, um uns von der Sünde zu befreien. Die Werkegerechtigkeit stellt den Menschen und seine Leistungen in den Mittelpunkt.

In *Lenski's Commentary on the New Testament* ist zum Brief an die Römer vom Bereich des Gesetzes und vom Bereich der Werke die Rede. Die Bibel spricht viel von Gesetz und Werken. Dabei beschränkt sie sich nicht auf das Gesetz des alten Bundes; es kann um alle möglichen Arten von Gesetze gehen. Was auch immer wir tun, um uns von Gott etwas zu verdienen, alles, was wir außerhalb des Glaubens tun oder was wir tun, um uns gerecht zu machen, gehört zum Bereich des Gesetzes, der Werke und des Fleisches. Laut Römer 14,23 handelt es sich dabei um Sünde. Es ist eine Sünde, weil es das Werk Jesu verleugnet.

Der Ausdruck »Fleisch« hat sehr viel mit dem Begriff »Gesetz« zu tun. Wenn es in der Bibel um das Fleisch geht, dann geht es dabei nicht um den Körper. Es geht um einen Bereich, in dem wir versuchen, uns durch unsere eigenen Fähigkeiten gerecht zu machen. Es geht um das leistungsorientierte Leben. Menschen, die auf der Basis ihrer Werke eine Beziehung zu Gott herstellen wollen, befinden sich im Bereich des Fleisches.

Es war notwendig, dass wir vom Gesetz befreit wurden, um vom Fleisch erlöst zu werden. In Römer 7,5 heißt es: »*Denn als wir im Fleisch waren, da wirkten in unseren Gliedern die Leidenschaften der Sünden, die durch das Gesetz sind, um dem Tod Frucht zu bringen.*« Das Gesetz und die Werke bewirken, dass in den Gliedern eine Leidenschaft entsteht. Solange wir nicht von den Gesetzeswerken befreit werden, können wir die Sünde nicht besiegen.

Beim Austausch starben wir durch den Leib Christi (siehe Röm 7,4). Erinnere dich, dass wir starben, als Jesus starb. Da wir nun vom Gesetz (d. h. dem Bereich des Gesetzes) befreit sind, können wir Gott in der Neuheit des Geistes dienen, anstelle in der alten Weise des Buchstabens.

Mit anderen Worten: Wir versuchen nicht mehr, so viel wie möglich zu tun, in der Hoffnung, dass es uns für Gott annehmbar macht. Wir glauben stattdessen, dass wir durch Jesus gerecht sind, und vertrauen darauf, dass uns der Geist Gottes verändert und uns die Kraft gibt, in Gerechtigkeit zu leben. Im Geist zu leben bedeutet nicht, in einem »tranceartigen, mystischen« Geisteszustand zu sein. Wir leben im Geist, wenn wir uns vom Geist abhängig machen, der uns zur Gerechtigkeit befähigt und uns dadurch vom Bereich des Fleisches erlöst.

Wenn wir versuchen, Gott in der alten Weise des Buchstabens zu dienen (wobei es egal ist, ob es das Alte Testament oder der neue Bund ist, der von uns zu Gesetzesvorschriften umgewandelt worden ist), wird die Sünde wieder lebendig werden. »*Ich aber lebte, als ich noch ohne Gesetz war; als aber das Gebot kam, lebte die Sünde auf ...*« (Röm 7,9). Die Sünde kommt zurück, um in einem Herzen zu leben, das keinen Platz für Glaubensgerechtigkeit hat. Die Sünde gedeiht dort, wo der Mensch versucht, in seiner eigenen Fähigkeit zu wirken. Und selbst wenn wir es schaffen, ein Problem durch pure Willenskraft zu bewältigen, wird uns das selbstgerecht werden lassen. Wie auch immer wir es anstellen – die Sünde wird lebendig.

Römer 6,14 erklärt, dass wir von der Sünde befreit sind, weil wir nicht länger unter dem Gesetz, sondern unter der Gnade sind. Die Gnade ist die Fähigkeit Gottes, in uns zu wirken. Werke und das

Gesetz »frustrieren« die Gnade Gottes (siehe Gal 2,21). Das Wort »frustrieren« bedeutet »beiseiteschieben« oder »zunichtemachen«, »ungültig machen«, »abwerten« und »neutralisieren«. Wenn wir den Bereich der Werke betreten, wird Gottes Kraft, uns von der Sünde zu befreien, zunichtegemacht. Aus diesem Grund wird die Sünde diejenigen Menschen, die im Bereich der Werke leben, immer beherrschen.

Schon viele Menschen haben darüber diskutiert, worauf genau sich das siebte Kapitel des Römerbriefs bezieht. Geht es um Paulus selbst, bevor oder nachdem er gerettet wurde? Ich persönlich glaube, dass diese Stelle ganz allgemein die missliche Lage eines Menschen beschreibt, der den Glauben und die Gnade verlassen hat und wieder in den Bereich der Werke eingetreten ist. Auch in Galater 5,4 ging es Paulus in ähnlicher Weise nicht darum, ob jener Mensch in den Himmel kommen würde oder nicht, wenn er dort vom Abfallen von der Gnade spricht. Er sprach über das Verlassen des Bereiches der Gnade (der Fähigkeit Gottes) und über das Zurückgehen in den Bereich unserer eigenen Fähigkeiten.

Christus ist im Leben einer Person, die sich an Werke gebunden hat, wirkungslos. Wir müssen die Gerechtigkeit in Jesus annehmen. Dies steht im totalen Widerspruch zur natürlichen Anschauungsweise des Menschen. Wir schauen alle auf unsere eigenen Fehler und Mängel und fragen uns: »Wie kann ich mich selbst als gerecht bezeichnen? Ich bin voller Probleme und Sünden!« Doch wir werden niemals wirklich frei von diesen Sünden sein, ehe wir nicht Seine Gerechtigkeit in Empfang nehmen.

Diese Gerechtigkeit zu empfangen beginnt damit, dass wir glauben. Weil die Mission Jesu vollendet wurde, BIST DU IN CHRISTUS GERECHT. Wenn du das wirklich glaubst, wirst du kein selbstgewähltes Leben mehr führen können. Wenn du es glaubst, wirst du es bekennen, Gott dafür danken und in Einheit mit dem Geist Christi leben.

Die Kraft der Gerechtigkeit wird in den Menschen lebendig, die glauben, dass sie in Christus gerecht sind. Solche Menschen haben ein »Gerechtigkeitsbewusstsein«. Menschen, die nach dem Gesetz leben, haben hingegen ein »Sündenbewusstsein«. In unserem Leben nimmt das zu, worauf sich unser Bewusstsein konzentriert. Dementsprechend verstrickt sich ein Mensch, der sich seiner Sünde bewusst ist, immer mehr in Sünde; ein Mensch jedoch, der sich seiner Gerechtigkeit bewusst ist, wächst in dieses Leben der Gerechtigkeit immer mehr hinein.

Nachdem Paulus den Austausch erklärt hat, liefert er in Römer 5,12 ein Beispiel: Die Sünde kam durch einen Menschen in die Welt. Nur wenige Menschen haben damit ihre Probleme. Wir wissen, dass wir wegen Adam Sünder sind. Durch ihn wurden wir alle zu Sündern. Wir wurden mit einem sündigen Wesen geboren. Gewiss hast du auch schon vor deiner Errettung die eine oder andere gute Tat vollbracht. Doch diese guten Taten machten dich trotzdem nicht gerecht. Du warst noch immer ein Sünder. Sündigen lag in deiner Natur. Trotz deiner Bemühungen bist du immer wieder in die Sünde zurückgefallen – DEIN WESEN WAR SÜNDIG. Bedenke, dass dich gelegentliche gute Taten nicht gerecht machen.

Wegen der Sünde Adams wurde das Todesurteil über die Menschheit verhängt. Du hast nichts getan, um die Fähigkeit des Sterbens zu erlangen; du wurdest mit dieser Fähigkeit geboren. Auf ähnliche Weise erhalten wir durch Jesus die Gabe der Gerechtigkeit (siehe Röm 5,17). Unsere natürliche Geburt garantiert uns ein sündiges Wesen, aber sobald wir geistlich geboren werden, haben wir durch die Gabe der Gerechtigkeit ein gerechtes Wesen. So wie die Sünde das Todesurteil über die Menschheit verhängte, gibt die Gerechtigkeit allen Menschen das Leben Gottes. Das ursprüngliche griechische Wort für »Leben« ist *zoe*, was laut dem *Biblisch-Theologischen Wörterbuch der Neutestamentlichen Gräcität* die Lebensqualität des Einen bezeichnet, der das Leben gibt. Weil wir die Gerechtigkeit Jesu haben, können war am Leben Gottes teilhaben. Dieses Leben eröffnet uns den Zugang zu allem, was Gott hat und was Er ist. Und was noch wichtiger ist – es ist das Produkt der Gerechtigkeit Jesu.

Römer 5,10 sagt es so: »*Denn wenn wir mit Gott versöhnt worden sind durch den Tod seines Sohnes, als wir noch Feinde waren, wie viel mehr werden wir als Versöhnte gerettet werden durch sein Leben!*« Das Wort »gerettet« bedeutet mehr als wiedergeboren werden. Es bedeutet geheilt, erlöst, geschützt, ganz gemacht, gesund gemacht usw. Der Grund, warum wir diese vollständige Errettung haben, besteht darin, dass wir Sein »Zoe« empfangen. Wir erhalten Sein Leben, weil wir Seine Gerechtigkeit erhalten. Wir erhalten Seine Gerechtigkeit aufgrund des Austausches. Infolgedessen gehört uns dies alles durch den Glauben.

Wir sind gerecht, weil wir aus Gott geboren sind. Gerecht zu sein bedeutet nicht, ohne Sünde zu sein. Es bedeutet, dass du eine gerechte Natur hast. Es ist selbstverständlich für dich, ein rechtschaffenes Leben zu führen. Obwohl du fallen kannst, bist du kein Sünder. In den Psalmen steht geschrieben: »*Fällt er, so wird er nicht hingestreckt liegen bleiben; denn der HERR stützt seine Hand*« (Ps 37,24). In den Sprüchen Salomos heißt es: »*Denn der Gerechte fällt siebenmal und steht wieder auf; aber die Gottlosen stürzen nieder im Unglück*« (Spr 24,16).

Als du noch eine sündige Natur hattest, hast du gelegentlich gute Werke getan. Doch diese guten Werke konnten dein ungerechtes Wesen nicht in ein gerechtes verwandeln. In gleicher Weise kann es dich jetzt nicht ungerecht machen, wenn du versagst. Wir wurden in die Ungerechtigkeit hineingeboren. Unsere Werke haben diesen Zustand nicht bewirkt. Gleichsam ändern unsere Werke nun, nachdem wir in Seine Gerechtigkeit hineingeboren wurden, auch nichts an diesem Zustand.

Das ist kein Freischein für die Sünde. Ein gerechtes Herz hasst die Sünde. Ein gerechtes Herz will Gott Freude bereiten. Ein gerechtes Herz liebt Gerechtigkeit. Und das Herz wird nur durch den Glauben gerecht gemacht (siehe Römer 5,1 und 10,10).

Viele befürchten, dass dieser Glaube die Menschen dazu ermuntert, sich alles zu erlauben. Einige könnten dies als Erlaubnis zum Sündigen sehen. Paulus, Petrus und Johannes warnten davor und setzten sich mit denselben Befürchtungen auseinander. In der frühen Kirche gab es Gruppen, welche die Freiheit zu missbrauchen versuchten. Die Apostel beschäftigten sich mit dieser Misere, ohne die Wahrheit zu verleugnen.

Wenn man die Glaubensgerechtigkeit verlässt, gibt man das vollendete Werk Jesu preis. Ganz egal, wie aufrichtig das Motiv ist: Ein Abweichen von der Glaubensgerechtigkeit kommt einem Abweichen von der Wahrheit gleich.

Kapitel 10

# AUS GLAUBEN ZUM GLAUBEN

Die Schwäche der heutigen Christenheit liegt in ihrem Glaubenssystem. Alles, was geglaubt wird, richtet sich nach fundamentalen Glaubensgrundsätzen und wird durch sie interpretiert. Unser einziges Fundament sollte jedoch der Tod, das Begräbnis und die Auferstehung des Herrn Jesus sein.

Schon die geringste Abweichung von dem, was am Kreuz geschah, schafft Verwirrung und Zerstörung in den Hauptgebieten unseres Lebens. Wenn eine Kugel aus einem Gewehr abgefeuert werden soll, muss mit dem Gewehrlauf exakt gezielt werden. Schon eine winzige Abweichung bewirkt ein Verfehlen des Ziels um viele Meter. Je weiter das Ziel entfernt ist, desto größer ist die Abweichung der Kugel.

Ganz ähnlich glauben wir viele Dinge, die das Kreuz betreffen, die nicht wirklich bedeutsam erscheinen, bis wir sie mit unserem täglichen Leben verweben. Wir merken schließlich, dass wir meilenweit neben unserem beabsichtigten Ziel in Christus gelandet sind.

Paulus sagt im Brief an die Römer: »*Denn ich schäme mich des Evangeliums von Christus nicht; denn es ist Gottes Kraft zur Errettung für jeden, der glaubt, zuerst für den Juden, dann auch für den Griechen*« (Röm 1,16). Das Evangelium ist Gottes Kraft zum Heil. Es soll das Heil Gottes bewirken. Wir wissen, dass Heil mehr bedeutet als nur wiedergeboren zu werden. Es ist die Erfüllung der Verheißungen Gottes. Wenn unser Glaube kein Heil bewirkt, dann müssen wir den Tatsachen ins Gesicht blicken: Entweder glaube ich die Wahrheit nicht oder das, was ich glaube, entspricht nicht der Wahrheit.

Als Paulus sagte, dass er sich des Evangeliums nicht schäme, sprach er nicht von Jesus persönlich. Die Juden hatten kein großes Problem mit Jesus. Sie hatten ein Problem mit dem, was Jesus für die Menschen vollbracht hatte. Die Judaisierer, die Paulus in alle Welt nachreisten und für seine Verfolgung größtenteils verantwortlich waren, sagten den Menschen nicht, sie sollten Jesus ablehnen. Sie sagten den Menschen lediglich, dass Jesus sie nicht gerecht machen könne.

Die frohe Botschaft von Jesus besagt, dass Gerechtigkeit eine kostenlose Gabe ist. Jede Abweichung davon ist keine frohe Botschaft mehr. Die Juden glaubten an die Werkegerechtigkeit. Im Christentum wurde das Evangelium so sehr verdreht, dass wir heute kaum mehr etwas Besseres anzubieten haben als die Juden damals.

Im Vers 17 fährt Paulus fort: »*denn es wird darin geoffenbart die Gerechtigkeit Gottes aus Glauben zum Glauben, wie geschrieben steht: Der Gerechte wird aus Glauben leben.*« Paulus sagt hier, dass die Gerechtigkeit Gottes im Evangelium durch den Glauben zum Glauben offenbart wird. Er sagt nicht, dass sie durch den Glauben zu Werken hin offenbart wird.

Die meisten Christen glauben tatsächlich, dass Jesus sie rettet, doch sie glauben auch, dass es die Werke sind, die gerecht machen. »Jesus bewirkt deine Errettung; du selbst musst dafür sorgen, dass dieser Zustand andauert.« »Jesus hat deine Heilung erworben; du musst dich jetzt dafür qualifizieren, sie auch zu empfangen.« »Jesus besiegte den Teufel; deine Werke befreien dich von seinen Angriffen.« Wir glauben nicht wirklich, dass die Glaubensgerechtigkeit mit dem Glauben anfängt und mit dem Glauben endet.

Die Glaubensgerechtigkeit muss fest in deinem Glaubenssystem verankert sein. Dein Glaubenssystem soll von Glaubensgerechtigkeit durchwoben sein. In dem Moment, in dem wir von der Glaubensgerechtigkeit Abstand nehmen, entfernen wir uns vom Evangelium. Sie muss die Grundlage von allem sein, was wir sind, von allem, was wir zu sein hoffen, und von allem, was wir von Gott zu empfangen wünschen.

Die Galater hatten dasselbe Problem. Paulus verkündete ihnen Jesus. Ihnen wurde eine wunderbare Errettung zuteil. Als Paulus wegging, kamen die Judaisierer und sagten: »Glaubt an Jesus, wenn es um das Heil geht, doch ihr müsst dem Gesetz gehorchen, um gerecht genug zu sein, so dass euch die Verheißungen Gottes zuteilwerden.«

Deshalb sagte Paulus: »*Seid ihr so unverständig? Im Geist habt ihr angefangen und wollt es nun im Fleisch vollenden?*« (Gal 3,3). Mit anderen Worten: Dieses Werk in dir nahm durch den Geist Gottes seinen Anfang. Und es kann auch nur durch den Geist Gottes vollendet werden.

In den Versen zwei und fünf des dritten Kapitels fragte er: »*Das allein will ich von euch erfahren: Habt ihr den Geist durch Werke des Gesetzes empfangen oder durch die Verkündigung vom Glauben? … Der euch nun den Geist darreicht und Kräfte in euch wirken lässt, [tut er es] durch Werke des Gesetzes oder durch die Verkündigung vom Glauben?*« Als du den Geist empfangen hast, geschah es, weil du glaubtest, was du hörtest, oder weil du es dir durch bestmögliches Einhalten des Gesetzes verdient hast? Bewirkten die Menschen Wunder, weil sie die Wahrheit glaubten oder weil sie das Gesetz befolgten?

Es ändert sich auch nichts daran, nachdem wir gerettet sind. Die Beziehung mit Gott war das Ergebnis eines für uns kostenlosen Geschenks. Unsere Fähigkeit, die Beziehung mit Gott aufrechtzuerhalten, ist ebenso das Ergebnis dieses kostenlosen Geschenks. Paulus sagte den Kolossern, dass sie in Christus so weitermachen sollten, wie sie angefangen hatten – indem sie im Glauben verwurzelt und verankert blieben. Versuche nicht, diese Regel zu ändern!

Beinahe jeder Brief im Neuen Testament wurde verfasst, weil die Kirchen sich auf dem Gebiet der Gerechtigkeit hatten täuschen lassen. Während sie an die Person Jesus glaubten, lehnten sie Sein vollendetes Werk am Kreuz ab. Sie glaubten, dass sie durch die Gnade gerettet und durch die Werke gerecht gemacht würden. Sie glaubten nicht, dass die Gerechtigkeit mit Glauben anfängt und mit Glauben endet.

Die Frage der Gerechtigkeit ist der Stolperstein des Evangeliums. Die Menschen haben kein Problem mit den meisten wesentlichen Aspekten des Lebens und Wirkens Jesu. Es ist die Angelegenheit der Gerechtigkeit, womit sie zu kämpfen haben.

Im Brief an die Römer beschreibt Paulus das Dilemma: »*Was wollen wir nun sagen? Dass Heiden, die nicht nach Gerechtigkeit strebten, Gerechtigkeit erlangt haben, und zwar die Gerechtigkeit aus Glauben, dass aber Israel, das nach dem Gesetz der Gerechtigkeit strebte, das Gesetz der Gerechtigkeit nicht erreicht hat*« (Röm 9,30–31). Die Israeliten wollten wirklich Gerechtigkeit erlangen, doch sie konnten sie nicht finden. Die Heiden suchten nicht nach der Gerechtigkeit, aber sie haben sie gefunden.

Vers 32 erklärt, warum die Juden unfähig waren, Gerechtigkeit zu empfangen: »*Warum? Weil es nicht aus Glauben geschah, sondern aus Werken des Gesetzes.*« Die Heiden waren gewillt, die Gerechtigkeit als Geschenk anzunehmen. Diese Reaktion entspricht dem Glauben. Die Juden jedoch waren nicht gewillt, die Gerechtigkeit als Geschenk anzunehmen. Sie versuchten, durch ihre Werke Gerechtigkeit zu erlangen.

Der letzte Teil von Vers 32 ist von äußerster Wichtigkeit: *»Denn sie haben sich gestoßen an dem Stein des Anstoßes.«* Die Glaubensgerechtigkeit ist der Stolperstein des Evangeliums. Sie ist der Fels des Anstoßes. Jesus selbst ist nicht der Stein des Anstoßes. Jesus als unsere Gerechtigkeit ist es, woran die Menschen sich stoßen und was die, die nicht glauben, zum Stolpern bringt. Sie stolpern, weil sie nicht glauben, dass man aufgrund des Glaubens Gerechtigkeit erlangt.

In Römer 9,33 steht: *»wie geschrieben steht: Siehe, ich lege in Zion einen Stein des Anstoßes und einen Fels des Ärgernisses; und wer an ihn glaubt, wird nicht zuschanden werden!«* Wenn ein Mensch an Jesus als seine Gerechtigkeit glaubt, wird er nicht stolpern; er wird nicht beschämt werden. Doch diejenigen, die nicht glauben, werden stolpern.

Sie haben den Eckstein abgelehnt. Als unsere Gerechtigkeit ist Jesus der Eckstein des Christentums. Alles andere stellt ein irreführendes Fundament dar. Wenn wir versuchen, auf einem anderen Fundament aufzubauen, wird das gesamte Gebäude einstürzen. Deshalb warnt Paulus in 1. Korinther 3,10–11, dass man beim Bauen achtgeben soll. *»Gemäß der Gnade Gottes, die mir gegeben ist, habe ich als ein weiser Baumeister den Grund gelegt; ein anderer aber baut darauf. Jeder aber gebe acht, wie er darauf aufbaut. Denn einen anderen Grund kann niemand legen außer dem, der gelegt ist, welcher ist Jesus Christus.«*

Wir sollen in unserem Glaubensleben aufgebaut werden. Wir sollen in unserem Verständnis von Gott wachsen. Wir sollen in guten Werken wachsen. Doch alles sollte auf dem Fundament der Glaubensgerechtigkeit aufgebaut sein. Die Werke dürfen niemals das Fundament unserer Gerechtigkeit werden. Jeder Christ sollte ein göttliches Leben führen. Jeder Christ sollte Frucht bringen. Jedoch in dem Moment, wo diese Dinge unsere Hoffnung und unsere Zuversicht werden, um von Gott akzeptiert zu sein, sind sie nicht länger Gold, Silber und wertvolle Edelsteine. Weil sie nicht auf diesem Fundament gebaut sind, sind sie zu Holz, Heu und Stoppeln geworden.

Es ist wahr, dass Heilung verheißen ist, doch wenn die Lehre darüber nicht auf dem Fundament der Glaubensgerechtigkeit beruht, wird sie entweder nicht zustande kommen oder nicht andauern. Alle Verheißungen Gottes sind wahr, doch sie werden nicht standfest sein, wenn sie ein fehlerhaftes Fundament haben. Wir sind wie Menschen, die Wolkenkratzer auf Sumpfflächen zu bauen versucht haben – wenn das Gebäude einstürzt, stellen wir die Gültigkeit der Verheißung in Frage. Die Verheißungen sind gut, doch sie müssen auf dem sicheren Fundament Jesu als unsere Glaubensgerechtigkeit gebaut sein. Unser Glaube muss auf der Glaubensgerechtigkeit gründen. Die einzige Gerechtigkeit, die uns für alle Seine Verheißungen qualifiziert, ist *Seine* Gerechtigkeit.

## Kapitel 11

# GERECHTIGKEIT SCHAFFT FRIEDEN

Seitdem das Gesetz am Berg Sinai gegeben wurde, mussten sich die Juden die Segnungen Gottes verdienen. Wie wir bereits festgestellt haben, erhielten sie den Segen, wenn sie gut (gerecht) waren. Wenn sie ungerecht waren, empfingen sie den Fluch. Denk immer daran, dass der Standard für Gerechtigkeit Gottes Standard ist. Gott ist der Einzige, der bestimmen und festlegen kann, was richtig und was falsch ist. Jeder Versuch unsererseits, Gerechtigkeit unabhängig vom Wort Gottes zu definieren, ist in Wirklichkeit Humanismus. Genau das hat Adam im Garten Eden getan.

Von dem Zeitpunkt an, als Adam von der Frucht des Baumes der Erkenntnis von Gut und Böse nahm, wurde der Mensch sein eigener Gott. Er entschied durch sein eigenes Urteil, was richtig und was falsch ist. Er versuchte sogar, Gott dazu zu bringen, seinen Standard zu akzeptieren. Das Recht, Richtig und Falsch zu definieren, steht jedoch nur Gott zu. Denk immer daran, dass Satan die Menschen in Versuchung führen wollte, als er sagte: »Ihr könnt Götter sein und selbst entscheiden, was richtig und was falsch ist.« An dieser Stelle wurde der Humanismus geboren, der die Grundlage aller falschen Religionen bildet.

Der Humanismus stellt den Menschen ins Zentrum des Universums. Seine persönlichen Ansichten sind ausschlaggebend für die Definition von Gut und Böse. Der Mensch ist sein eigener Gott. Er schafft seine eigenen Standards und Regeln. Doch was am schlimmsten ist, er definiert selbst, was Gerechtigkeit ist. Dieses Recht steht jedoch nur Gott zu.

Das Wort »Häresie« wird in christlichen Kreisen sehr frei verwendet. Normalerweise bezeichnen wir jemanden als Häretiker, wenn er von unserem Glauben abweicht. Das Wort »Häresie« hat seine Wurzeln jedoch in einem Wort, das »wählen« bedeutet. Also ist ein Häretiker einer, der selbst wählt, was er zu glauben bereit ist. Das Wort Gottes hat keine absolute Autorität für einen Häretiker. Er sieht die Wahrheit als optional; deshalb führt er sein Leben nach Vorlieben anstatt nach Überzeugungen.

Jemand wird zum Christen, wenn er Jesus zum Herrn macht. Da Er der Herr ist, hat Sein Wort die endgültige Autorität in allem, was wir glauben sollen. Das sollte alle unsere Ansichten und Meinungen prägen. Ganz gleich, wie wir hinsichtlich einer bestimmten Sache empfinden, überlassen wir Ihm das Recht der Wahl. Wenn jemand unabhängig vom Herrn entscheidet, was er glauben will, wirkt er außerhalb des Herrschaftsbereichs Gottes. In der ganzen Geschichte war diese Wahlmöglichkeit der entscheidende Faktor, warum Kirchen von innen her zerstört wurden. Wir haben uns dafür entschieden, viele falsche Dinge über Gott, über das Kreuz Christi und über die Beziehung mit Gott zu glauben.

Die Kirchengeschichte zeigt, dass sich der Mensch fortwährend für die angenehmeren und weniger bedrohlichen Glaubensgrundsätze entschieden hat. So zum Beispiel war es jahrhundertelang gebräuchlich, durch Untertauchen zu taufen. Doch von dem Zeitpunkt an, als dies als unangenehm empfunden wurde, formte es die Kirche in ein bloßes Besprengen um. Das war in sozialer Hinsicht akzeptabler.

Die Vorstellung, dass Gott sich über uns ärgert, ist auch ein Glaube, dem eine persönliche Präferenz zugrunde liegt. Jesus war nicht ärgerlich. Jesus war nicht richtend oder fehlersuchend. Er sagte: »*wer mich gesehen hat, der hat den Vater gesehen!*« (Joh 14,9). Er war das genaue Ebenbild Gottes. Deshalb verfährt Gott mit dem Menschen nicht in einer Weise, die einen Widerspruch zum Leben und Wirken Jesu darstellen würde. Dennoch behaupten wir, dass Gott ärgerlich und fehlersuchend ist. Warum? Es ist ein praktisches Mittel, um andere zu kontrollieren. Es ist die Botschaft der eigenen Wahl.

Das Christentum ist keine Religion der eigenen Wahl und Bequemlichkeit. Wir kommen seelisch verletzt und mit vielen Problemen belastet zu Gott. Das Chaos in unserem Leben ist das Ergebnis von Entscheidungen, die wir aufgrund unserer persönlichen Glaubensinhalte getroffen haben. Unser Leben kann sich nicht ändern, wenn sich unsere Glaubensinhalte nicht ändern. Man kann nicht zu Jesus kommen und Veränderung erwarten, ohne Seine Glaubensinhalte anzunehmen.

Wenn jemand seine Ansichten und Meinungen nicht Gott unterordnet, wird er weiterhin sein eigener Gott sein. Er wird weiterhin dieselben Schwierigkeiten haben und dieselben Verletzungen erfahren wie zuvor. Gott wirkt in unserem Leben, wenn wir die Wahrheit glauben.

Das größte Chaos kommt über das Leben eines Christen, wenn er sich weigert, Gottes Definition und Standard der Gerechtigkeit anzunehmen. Weil wir die Glaubensgerechtigkeit nicht verstehen, vertrauen wir auf die Werkegerechtigkeit. Diese klingt vernünftig, und wir können sie begreifen. Sie verlangt von uns nicht, etwas zu glauben, das momentan nicht im Bereich der Dinge liegt, die wir verstehen können.

Wir alle verstehen die Werkegerechtigkeit. Sie funktioniert folgendermaßen: Wenn ich nur gute Taten tue, wird Gott mich annehmen, und ich erhalte Seinen Segen. Wenn ich irgendetwas falsch mache, nimmt Gott mich nicht an, und ich werde gezüchtigt.

Wir sehen dies unter dem Blickwinkel des Gesetzes. Die Werkegerechtigkeit lebte in der Frühkirche wieder auf und dauerte bis ins Mittelalter hinein an. Vieles aus der Theologie der frühen katholischen Kirche beeinflusst auch heute noch unsere Vorstellung von Gott. Die Werkegerechtigkeit bewirkt immer Angst und Ablehnung. Man weiß niemals, ob das, was man getan hat, gut genug ist. Man hat keine Gewissheit über die Vergebung Gottes. Diese Angst ist eine Qual. Die einzige Möglichkeit, von dieser Qual befreit zu werden, ist der Glaube und das Erfahren der Liebe Gottes (siehe 1Joh 4,18).

In Römer 1,16 sagt Paulus: »*Denn ich schäme mich des Evangeliums nicht; denn es ist Gottes Kraft zur Rettung für jeden, der glaubt, zuerst für den Juden, dann auch für den Griechen.*« Wenn jemand die frohe Botschaft nicht glaubt, erfährt er die Kraft Gottes nicht. Er kann das Heil, das Jesus uns erworben hat, nicht ausleben. Welchen Teil der guten Nachricht du auch immer glaubst, du kannst die Kraft empfangen, danach zu leben.

Im Vers 17 fährt Paulus fort: »*... denn es wird darin geoffenbart die Gerechtigkeit Gottes aus Glauben zum Glauben, wie geschrieben steht: ›Der Gerechte wird aus Glauben leben‹.*« Die Glaubensgerechtigkeit ist die Frohe Botschaft. Die Glaubensgerechtigkeit ist der Anfang und das Ende des christlichen Lebens. Es geht nicht vom Glauben zu den Werken, es geht aus Glauben zum Glauben. Deshalb wurden die frühen Kirchenmitglieder Gläubige genannt. Alles, was sie mit Gott erlebten, war ein Ergebnis dessen, was sie glaubten, nicht dessen, was sie taten. Unter dem alten Bund kam das Ergebnis durch die Werke zustande. Gerechte Werke qualifizierten dich dafür, die Verheißungen Gottes zu erhalten. Doch wir haben einen neuen und anderen Bund. Es ist ein besserer Bund mit besseren Verheißungen.

Gott hat einen neuen Bund geschlossen. Er beabsichtigte damit, uns vom alten Bund zu befreien. Er hat uns von der Werkegerechtigkeit freigesetzt, um uns fähig zu machen, das Leben (griech. *zoe*), das Jesus uns erworben hat, zu empfangen. Aber wir sind leider immer noch auf den alten Bund fixiert. Wir orientieren uns an der Werkegerechtigkeit, weil wir die Glaubensgerechtigkeit nicht verstehen und nicht an sie glauben. Wir wechseln in den Bereich der eigenen Wahl und rechtfertigen dies anhand eigener Argumente. Es ist traurig, aber wir selbst sind diejenigen, die darunter leiden. Wir berauben das Opfer Jesu seiner Kraft durch unseren traditionellen Glauben (siehe Mk 7,13).

Die Werkegerechtigkeit spricht den fleischlichen Sinn des Menschen an. Laut Römer 8,5 ist der fleischliche Sinn in seinem Denken auf das Fleisch fixiert. Erinnere dich, vom Fleisch sprechen wir, wenn es darum geht, dass wir versuchen, durch die Werke des Fleisches gerecht zu werden. Für den fleischlich orientierten Sinn klingt die Werkegerechtigkeit vernünftig. Sie ist sinnvoll. Sie passt zu unseren Glaubensgrundsätzen.

Römer 8,5 sagt: *»Denn diejenigen, die gemäß [der Wesensart] des Fleisches sind, trachten nach dem, was dem Fleisch entspricht; diejenigen aber, die gemäß [der Wesensart] des Geistes sind, [trachten] nach dem, was dem Geist entspricht.«* Wer auf das Fleisch fixiert ist, stellt den Menschen und dessen Werke in den Mittelpunkt seiner Religion. Gott hingegen wird an den Rand gedrängt. Ein solcher Mensch orientiert sich nicht an dem Werk des Geistes Christi. Er ist sich der Tatsache nicht bewusst, dass die Gerechtigkeit ein Werk des Geistes der Gerechtigkeit ist.

Römer 8,8 erklärt uns deshalb: *»Und die im Fleisch sind, können Gott nicht gefallen.«* »Warum?« fragst du dich vielleicht. Hebräer 11,6 erklärt es so: *»Ohne Glauben aber ist es unmöglich, Ihm wohlzugefallen.«* Galater 2,16 erklärt es noch auf eine andere Weise:

*»[Doch] weil wir erkannt haben, dass der Mensch nicht aus Werken des Gesetzes gerechtfertigt wird, sondern durch den Glauben an Jesus Christus, so sind auch wir an Christus Jesus gläubig geworden, damit wir aus dem Glauben an Christus gerechtfertigt würden und nicht aus Werken des Gesetzes, weil aus Werken des Gesetzes kein Fleisch gerechtfertigt wird.«* Gott hat definiert, was Gerechtigkeit ist. Wir dürfen Seine Definition nicht verwerfen, weil wir eine Vorliebe für etwas anderes haben, das aus der Quelle unserer Vernunft stammt.

Unsere Zurückhaltung, die wir der Glaubensgerechtigkeit gegenüber haben, kommt davon, weil wir sie nicht VERSTEHEN. Wir haben irrtümlicherweise gedacht, dass wir erst dann etwas glauben können, wenn wir es verstehen. Da steckt ein Körnchen Wahrheit drin, dennoch zeigt uns die Bibel, dass es gerade in der umgekehrten Reihenfolge geschieht. Wir müssen glauben, damit wir verstehen. Hebräer 11,3 erklärt: *»Durch Glauben erkennen wir ...«* Wenn wir uns dafür entscheiden, Gott zu glauben, haben wir den Zugang zum Verständnis. Wir werden deshalb niemals verstehen, was wir nicht glauben.

Warum ist es so wichtig, dass wir die Gerechtigkeit als Geschenk annehmen? All dies mag uns bedeutungslos erscheinen, bis wir den praktischen Unterschied sehen, den es ausmacht. Römer 5,1 sagt: *»Da wir nun durch den Glauben gerechtfertigt sind, so haben wir Frieden mit Gott durch unsren Herrn Jesus Christus.«* Gott ist im Frieden mit den Menschen. Wir haben das bereits behandelt. Doch warum ist es so wichtig, dies zu verstehen?

Obwohl Gott mit uns Frieden geschlossen hat, kann es sein, dass wir keinen Frieden mit Ihm haben. Wenn wir in Unsicherheit und Angst leben, was unsere Beziehung mit Ihm betrifft, können wir nicht frei von der Sünde werden. Wir haben bereits gesehen, wie die Werkegerechtigkeit die Sünde in unseren Gliedern lebendig werden lässt. Das Gesetz bewirkt, dass wir unsere Sünden verbergen. Barmherzigkeit und Vergebung hingegen schaffen eine Atmosphäre des Friedens und der Liebe, die es uns ermöglicht, mit unserer Sünde fertig zu werden.

Solange wir mit unserer Sünde nicht offen vor Gott zu treten wagen, können wir nicht von ihr freigesetzt werden. Wir können nicht offen und aufrichtig damit umgehen, wenn wir uns des Friedens Gottes nicht bewusst sind. Eine Atmosphäre, die dir sagt, dass Gott dich deiner Sünde wegen schelten wird, ist eine negative, unproduktive Atmosphäre. Sie fördert Selbstgerechtigkeit und Täuschung. Wir verteidigen und rechtfertigen unsere Taten. Anstatt belehrbar zu sein, verteidigen wir unsere Position. Wenn wir nämlich falsch lägen, wäre da das Risiko, dass Gott über uns richtet. Doch weil Gott gemäß der Glaubensgerechtigkeit Sein Urteil bereits an Jesus vollzogen hat, brauchen wir nicht zu fürchten, dass Er uns richten wird.

Viele Geistliche fürchten diese Botschaft. Sie befürchten, dass sie einen lockeren und lässigen Lebenswandel fördert. Sie fürchten, dass die Menschen die Güte Gottes ausnutzen und sündigen würden. Aber in Wahrheit ist es so: Wenn die Menschen an die Glaubensgerechtigkeit glauben, fühlen sie sich weniger dazu gedrängt zu sündigen. Wenn jemand an das *Zoe*-Leben Gottes glaubt, wenn er all die guten Dinge sieht, die Gott den Menschen bietet, dann wird er auch sehen, dass die Welt nichts Vergleichbares zu bieten hat.

Die meisten Menschen glauben, dass es die Welt ist, die die guten Dinge bietet, doch das ist nicht wahr. Sie haben einfach diese falsche Leidensbotschaft gehört. Sie denken, dass das Christenleben ein vertrockneter Lebensstil mit Krümeln als Nahrung und abgetragener Kleidung ist. Versuch mal, das einem Abraham, David oder irgendeinem anderen Patriarchen zu erzählen!

Es gibt laut der Bibel eine Zeit des Leidens, doch wir sollten nicht aus Unglauben oder Unwissenheit leiden. Wenn ich für das Evangelium leiden muss, will ich es frohen Herzens tun. Selbst aus solchem Leiden gehe ich siegreich hervor. Oder ich leide so wie Jesus. Hebräer 2,18 sagt, dass Er litt, als Er in Versuchung geführt wurde. Sein Leiden zeigte, dass Er nicht für sich, sondern für Gott lebte und die Sünde ablehnte. Ich werde gerne nein zu mir selbst und zur Sünde sagen. Das bedeutet es, sein Kreuz auf sich zu nehmen. Ich will auch leiden, indem ich meinen Willen, meine Ansichten und das, was ich Seinem Willen, Seiner Sicht und Seiner Ansicht vorziehe, Ihm übergebe.

Die Botschaft von einem zornigen Gott, von Leiden und Prüfungen haben die Welt dazu bewogen, dem Evangelium den Rücken zu kehren. Eine solche Botschaft ist keineswegs das Evangelium (= die gute Nachricht). Die Welt kann nur durch die Frohe Botschaft gerettet werden. Diese Botschaft besagt, dass Gott dir nicht zürnt, dass Gott dich liebt, dass die Gerechtigkeit ein Geschenk ist, dass für deine Sünden bezahlt worden ist und dass Jesus für all dies vorgesorgt hat. Das ist die Frohe Botschaft, die der Welt verkündet werden soll. Die Botschaft vom Zorn Gottes hilft den Menschen nicht, sich von der Sünde fernzuhalten – sie macht sie zu Heuchlern und Lügnern. Sie sündigen dann nicht weniger als irgendjemand sonst, sie verbergen ihre Sünden nur besser. Ein Mensch, der sündigen will, wird sündigen, ganz gleich, woran er glaubt. Er wird immer einen Weg finden, seine Sünde zu rechtfertigen. Bevor ich einen Menschen dazu bringen kann, ein Sündenproblem anzugehen, muss er von der Angst vor dem Gericht frei sein.

Gott sagte: »*Kommt doch, wir wollen miteinander rechten, spricht der HERR*« (Jes 1,18). Wo Zorn ist, gibt es kein einsichtiges Verhandeln. Tatsächlich warnt uns das Buch der Sprüche, sich mit zornigen, unvernünftigen Menschen einzulassen. Wir wollen vor Gott weder beweisen, dass wir recht haben, noch unsere Sünden rechtfertigen. Einsichtiges Verhandeln mit Gott besteht darin, in einer friedvollen Atmosphäre vor einem liebenden Gott zu stehen und die eigenen Sünden zu bekennen. Hier treffen Barmherzigkeit und Wahrheit aufeinander. Hier ist es, wo die Güte Gottes uns zur Umkehr leitet (siehe Röm 2,4). Hier findet ein verwirrtes und verurteiltes Herz vor Gott Barmherzigkeit und Gnade in Zeiten der Not (siehe Hebr 4,16).

Wenn ich nicht vollkommen davon überzeugt bin, dass ich durch den Herrn Jesus gerecht bin, werde ich niemals Frieden erfahren. Ich werde mich niemals sicher fühlen. Vor kurzem sprach ich mit einer Person, die einem Irrtum zum Opfer gefallen war. Diese Person glaubte, dass schlussendlich jeder in den Himmel komme. Als wir darüber sprachen, warum sie das glaubte, sagte sie: »Ich hatte früher große Angst, dass mir nicht vergeben würde und ich in die Hölle käme. Die Botschaft, dass alle in den Himmel kommen, gab mir großen Frieden.« Der Mangel an Frieden verleitet die Menschen dazu, auf Irrlehren hereinzufallen, die einen Frieden versprechen, der auf einer falschen Grundlage basiert.

Viele Menschen haben ihren Glauben an Gott aufgegeben und sind der Sünde verfallen. Als ich einmal mit einem Mann sprach, sagte dieser: »Ich wusste einfach nicht, ob Gott mir wirklich vergeben hatte.« Weil er nicht wusste, dass er gerecht war, hatte er keinen Frieden. Der Mangel an Frieden zerstörte seine Beziehung mit Gott.

Dann gibt es diejenigen, die verbittert sind. Sie bemühen sich, das Richtige zu tun. Sie versuchen, sich die Segnungen zu verdienen. Wenn sie keinen Frieden bekommen oder die Erwartungen, die sie haben, sich nicht erfüllen, werden sie verbittert und ärgern sich über Gott.

Unser Friede kann nicht auf unseren Leistungen basieren; das wäre zu unberechenbar. Wir würden hin und her wanken. Unser Glaube kann nicht auf einer falschen Lehrmeinung basieren. Denn dann müssten wir diese Lehre verteidigen, um den Frieden aufrechtzuerhalten. Unser Friede muss in der Gewissheit des vollendeten Werkes Jesu verwurzelt sein.

Wenn Jesus meine Gerechtigkeit ist, dann ist Er das Zentrum meines Lebens. Für jede Verheißung in der Bibel schaue ich zu Ihm und zu Seinem vollendeten Werk auf und sage: »Durch Dich wurde ich fähig gemacht.« Wenn ich Probleme habe, schaue ich zu Jesus auf und sage: »Dank Dir weiß ich, dass diese Probleme nicht gottgewollt sind.« Wenn Angst in mein Denken einzudringen droht, schaue ich zu Jesus auf und sage: »Wegen Dir muss ich mich nicht fürchten. DU bist mein Friede.«

*Kapitel 12*

# DER BUND DES FRIEDENS

Jesaja 53 beschreibt den Austausch, der am Kreuz stattgefunden hat, auf anschauliche Weise. In diesem Kapitel wird beschrieben, wie Jesus für unser Heil schreckliche Qualen erleiden musste. Dann beginnt Kapitel 54 den neuen Bund zu erklären, der das Ergebnis dieses Austausches ist.

In Jesaja 54,7–8 heißt es: »*Einen kleinen Augenblick habe ich dich verlassen; aber mit großer Barmherzigkeit werde ich dich sammeln. In überwallendem Zorn habe ich einen Augenblick mein Angesicht vor dir verborgen; aber mit ewiger Gnade will ich mich über dich erbarmen, spricht der HERR, dein Erlöser.*« Bevor Gott eine Gemeinschaft mit den Menschen eingehen konnte, musste Er das Sündenproblem lösen. Über die Sünde musste Gericht gehalten werden. Die Gerechtigkeit verlangt, dass die Sünde gerichtet wird.

In Seiner großen Liebe zu den Menschen hat Gott die Sünden der Welt in Jesus gerichtet. Weil Sein Zorn schon ausgegossen worden ist und Sein gerechtes Gericht schon stattgefunden hat, kann der Mensch nun eine friedliche Beziehung mit einem heiligen Gott eingehen.

Die Furcht vor Strafe mag die Handlungen eines Menschen ändern, doch sie ändert nicht das Herz. Das Herz ändert sich durch Liebe. Weil Gott ein liebender Gott ist (siehe 1Sam 16,7), wünscht Er sich eine Beziehung. Da die Rechtsforderung nun zufriedengestellt wurde, kann uns Gott in eine innige Beziehung mit Ihm »hineinlieben«.

Römer 2,4 sagt, »*dass dich Gottes Güte zur Buße leitet.*« Entgegen der verbreiteten Lehrmeinung bedeutet das Wort »Buße« nicht Trauern oder Weinen. Es kann diese Elemente beinhalten, doch das macht keine Buße aus. Eigentlich spricht die Bibel von zwei Arten der Buße. Eine geschieht im Nachhinein aufgrund der Folgen und Auswirkungen begangener Taten. Das ist die Art von Buße, von der die Bibel spricht, wenn sie sagt, dass Judas Reue zeigte, ehe er sich das Leben nahm (siehe Mt 27,3).

Die Buße, die Gott verlangt, ist eine Sinnesänderung. Judas änderte seine Einstellung zu seiner Sünde nicht; er bereute lediglich die Folgen. Die Gerichtsbotschaft löst vielleicht Furcht vor Konsequenzen aus, doch sie ändert nichts an der Herzenseinstellung eines Menschen. Wenn wir eine liebevolle Beziehung mit einem liebenden Gott haben, wird diese Beziehung eine Veränderung in unserem Herzen und unserem Denken bewirken. Sie bringt uns dahin, dass wir nicht länger sündigen wollen.

Ich erfreue mich an meinem liebenden himmlischen Vater und hänge so sehr an ihm, dass ich nicht sündigen will. Seine Güte ist mir zu kostbar, als dass ich sie durch eine Sünde verletzen wollte. Das bedeutet nicht, dass ich niemals sündige, doch es motiviert mich dazu, mich von der Sünde fernzuhalten, und ist gleichermaßen auch der Beweggrund für meine Buße (Sinnesänderung).

Jesaja 54,9 fährt fort: »*Und das soll mir sein wie die Wasser Noahs: Denn wie ich geschworen habe, dass die Wasser Noahs nie mehr die Erde überfluten sollen, so habe ich geschworen, dass ich nie mehr über dich zornig werden noch dich schelten werde.*« In Seinem Bund mit Noah schwor Gott, dass Er die Erde niemals wieder durch eine Wasserflut richten würde. Als Siegel für diesen Bund ließ Er einen Regenbogen am Himmel erscheinen. Gott hat dieses Versprechen treu gehalten.

Nun sagt Er, dass dies wie der Bund mit Noah ist. Dieser Bund ist also so sicher wie der mit Noah. Dieser Bund besagt: »Ich werde dir nie wieder zürnen und dich nie wieder schelten.« Das hat Gott uns geschworen, und dieser Bund ist so sicher wie jeder, den Er je geschlossen hat.

Es ist ein Bund des Friedens. »*Denn die Berge mögen weichen und die Hügel wanken, aber meine Gnade wird nicht von dir weichen und mein Friedensbund nicht wanken, spricht der HERR, dein Erbarmer*« (Jes 54,10). Der Austausch ermöglichte es Gott, mit den Menschen in Frieden zu leben. Die Sünde wurde IN Jesus gerichtet. Wir wurden in Ihm gerecht gemacht; nun haben wir eine friedliche Beziehung mit Gott. Er SCHWOR, dass Seine Freundlichkeit und Sein Friede uns nie wieder verlassen würden.

Wenn jemand plötzlich ankäme und verkündete, dass Gott die Welt durch eine Wasserflut zerstören werde, würden wir den Irrtum schnell bemerken. Gott sagt: »So sicher, wie ich die Erde nie mehr mit einer Flut überschwemmen werde, will ich dir nicht zürnen; ich werde dich nie mehr schelten, meine Güte wird nicht von dir weichen, der Bund meines Friedens nicht wanken, denn ICH BIN EIN BARMHERZIGER GOTT.«

Der Bund mit Noah wurde mit einem Regenbogen besiegelt. Der Bund des Friedens wurde mit dem Blut Jesu besiegelt. Würde Gott diesen Bund verletzen, würde Er damit das Blut Jesu verraten. Eine Missachtung dieses Bundes käme einer totalen Ablehnung des Blutes, des Todes und der Auferstehung Seines Sohnes gleich. Doch dieser Bund ist sicher.

Gott wird die Welt niemals wieder durch Wasser zerstören. Aber was würdest du tun, wenn dein Lieblingsprediger, wenn der Mensch, dem du am meisten vertraust, aufstehen und sagen würde: »Gott hat zu mir gesprochen. Er wird die Welt durch Wasser vernichten.« Ganz egal, wie sehr du diese Person liebst und ihr vertraust, du würdest diese Botschaft nicht annehmen. Du würdest zuversichtlich auf den Bund zurückblicken, den Gott mit Noah schloss. Du würdest Dich einfach auf Gottes Wort berufen. Doch wie sähe es aus, wenn die gleiche Person aufstehen und sagen würde: »Gott wird die Erde nicht durch eine Sintflut zerstören, doch Er wird eine Nation durch eine Flut vernichten.« Auch in diesem Fall ist der Irrtum offensichtlich. Aber wie wäre es, wenn diese Person sagte: »Na ja, Gott wird die Erde nicht durch eine Sintflut verderben, doch Er ist so erzürnt, dass Er einen Menschen ertränken wird.« Auch in dem Fall ist der Irrtum eindeutig.

Der Grund, warum der Irrtum offensichtlich ist, liegt darin, dass wir alle über den Bund mit Noah informiert sind. Leider sind wir uns des Bundes mit Noah stärker bewusst als des Bundes mit Jesus. Die Unwissenheit der Menschen führt dazu, dass sie in Gefangenschaft und Knechtschaft leben. Unsere oberste Priorität als Christen sollte es sein, den neuen Bund zu kennen. Wir müssen durch diesen Bund leben, anbeten und dienen.

Gott schwor, dass Er mit der Menschheit in Frieden leben würde. Damit meinte Er Gläubige und Ungläubige. Jesus hat den Zorn Gottes nicht nur in Bezug auf die Sünden der Kirche beschwichtigt. Er beschwichtigte Gottes Zorn gegenüber der Welt. Also richtet Gott nun KEINEN Menschen für seine Sünden.

Es wird sicher ein Gericht für diejenigen geben, die nicht an Christus glauben, doch zur gegenwärtigen Zeit verurteilt Gott niemanden. Dieser Bund des Friedens ist gewiss.

Die Gerechtigkeit macht dies alles möglich. »*In Gerechtigkeit wirst du erbaut werden …*« (Jes 54,14). Vers 17 bringt es auf den Punkt: »*Das ist das Erbteil der Knechte des HERRN und ihre Gerechtigkeit, die ihnen von mir zuteilwird, spricht der HERR.*« Es geht dabei nicht um eine Gerechtigkeit des Menschen, die das Ergebnis von Werken ist, sondern um die Gerechtigkeit des Glaubens, die durch den Herrn Jesus bewirkt wird.

Wie Gott in Jesaja 40,2 sagt: »... *dass ihr Frondienst vollendet, dass ihre Schuld gesühnt ist; denn sie hat von der Hand des HERRN Zwiefältiges empfangen für alle ihre Sünden.*« Der Krieg ist vorbei. Gott sah das Problem, und Er tat alles, um dieses Problem durch Jesus zu lösen. Weil es durch Gott geschah, ist es gut und beständig.

Was ist mit dieser Botschaft, die sagt, dass Gott dich richten wird? Wie steht es mit der Botschaft, die bewirkt, dass du Gott als Quelle aller Leiden und aller Schmerzen siehst? Jesaja 54,17 sagt: »... *und alle Zungen, die sich wider dich vor Gericht erheben, wirst du Lügen strafen.*« Die Zunge, die das Urteil Gottes über den Menschen verhängt, ist eine gesetzlose Zunge. Sie stimmt nicht mit dem neuen Bund überein. Wir können die Botschaft vom Zorn Gottes, der jetzt über den Menschen ausgegossen werde, genauso wenig annehmen wie die Prophezeiung einer weiteren Sintflut. Deshalb sangen die Engel: »*Ehre sei Gott in der Höhe und Friede auf Erden, an den Menschen ein Wohlgefallen!*«

Die Botschaft, dass Gott jemanden vor der Zeit des Gerichts verurteilt, ist ebenso absurd wie die Botschaft, dass Gott die Welt durch eine Sintflut bestrafen wird. Wir haben ein sicheres Wort und einen sicheren Bund, der mit dem Blut Jesu besiegelt wurde.

Es gibt jedoch eine Schlussfolgerung, die so lautet: »Wenn ich den Bund missachte, ist auch Gott nicht länger an Seine Verpflichtungen aus diesem Bund gebunden.« Wir müssen verstehen, dass Gott Seinen Bund nicht mit uns geschlossen hat. Er schloss ihn mit Jesus. Damit dieser Bund gebrochen würde, müsste Jesus versagt haben. Das war aber nicht der Fall. Er vollendete Sein Werk in jeder Hinsicht. Dieser Bund wurde geschlossen, er ist besiegelt, er ist sicher und er ist unveränderlich.

Galater 3,16 erklärt: »*Nun aber sind die Verheißungen dem Abraham und seinem Samen zugesprochen worden. Es heißt nicht: ›und den Samen‹, als von vielen, sondern als von einem: ›und deinem Samen‹, welcher ist Christus.*« Die Verheißungen wurden Jesus zugesprochen. Der Bund war ein Bund mit Jesus. Weil ich in Ihm bin, bin ich qualifiziert, an diesem Bund teilzuhaben.

Wir akzeptieren, dass Gott einen Bund mit Noah schloss, der für uns alle von Vorteil ist. Wir würden niemals denken, dass unsere Handlungen den Bund, der mit Noah geschlossen wurde, verändern könnten. Genauso wenig können unsere Handlungen den Bund mit Jesus verändern.

Wir haben einen Bund des Friedens, und dieser Bund ist sicher. Er wurde mit dem Blut Jesu besiegelt.

*Kapitel 13*

# DIE LIEBE GOTTES

*»Und wir haben erkannt und geglaubt die Liebe, die Gott zu uns hat; Gott ist Liebe, und wer in der Liebe bleibt, der bleibt in Gott und Gott in ihm«* (1Joh 4,16).

Der Apostel Johannes glaubte nicht nur an die Liebe Gottes, er erfuhr sie. Er lebte in der mächtigsten Kraft, die es gibt – in der Liebe Gottes.

Gleich als ich gerettet wurde, wollte ich die Kraft Gottes unbedingt kennenlernen. Ich wollte Gottes mächtige Taten sehen. Wie Elia erwartete ich, Gott im Erdbeben, im Feuer und im Wind zu begegnen. Doch ich merkte bald, dass es möglich ist, alle diese Dinge zu sehen und Gott dennoch nicht zu kennen. Gottes Kraft zu kennen kam für mich deshalb bald an zweiter Stelle.

Du wirst das Ausmaß der Kraft Gottes nur so weit erfahren, wie du das Ausmaß Seiner Liebe erfährst. Paulus verstand dies, als er für die Epheser betete: *»Durch den Glauben wohne Christus in euren Herzen, in der Liebe verwurzelt und auf sie gegründet. So sollt ihr mit allen Heiligen dazu fähig sein, die Länge und Breite, die Höhe und Tiefe zu ermessen und die Liebe Christi zu erkennen, die alle Erkenntnis übersteigt. So werdet ihr erfüllt werden in die ganze Fülle Gottes hinein«* (Eph 3,17–19 EÜ). Paulus wusste, dass der Schlüssel, um mit Gottes Kraft erfüllt zu werden, darin bestand, Seine Liebe zu kennen und ihr zu vertrauen.

Die Liebe ist der Beweggrund von allem, was Gott tut. Mehr als alles andere ist Gott Liebe. Deswegen kennst und verstehst du Gott nur, wenn du Seine Liebe und Güte erfährst. Dies ist der Schlüssel zu Wundern, Heilungen, Glauben und Frieden.

Wenn ich für die Kranken bete, Teufel austreibe oder für jemanden im Gebet einstehe, muss ich mich nicht zu einem Super-Glauben hochpushen. Es geht auch nicht darum, dass der Betreffende ein Leben führt, das gut genug ist, um ihn empfangsberechtigt zu machen. Alles, was ich kennen muss, ist die große Liebe Gottes. Gott hat schon das Allerbeste gegeben, was Er zu bieten hat – Jesus. Ich vertraue nicht auf meinen Super-Glauben; ich vertraue auf Gottes Super-Liebe. Mein Glaube ist nur die Reaktion auf Gottes Liebe und Vertrauenswürdigkeit.

In Römer 8,32–34 stellt Paulus eine Reihe von Fragen, die uns erkennen lassen, dass es nicht Gott ist, der unsere Probleme verursacht. *»Er, der sogar seinen eigenen Sohn nicht verschont hat, sondern ihn für uns alle dahingegeben hat, wie sollte er uns mit ihm nicht auch alles schenken?«* (Vers 32). Mit der ersten Frage erinnert er uns daran, dass Gott uns bereits das Beste gegeben hat. Gott hat uns bereits Sein Bestes gegeben – warum sollte Er uns etwas vorenthalten?

Er betont auch, dass Gott alles, was Er gibt, gratis gibt. Wir erhielten Jesus als Geschenk. Wir waren es nicht wert. Unser Leben war nicht gut genug. Warum also sollte Gott bei irgendetwas anderem von uns verlangen, dass wir es uns verdienen? Wenn etwas hätte verdient werden sollen, dann sicherlich das Recht, Söhne und Töchter Gottes zu werden. Doch selbst das bekamen wir geschenkt. Als Jesus Seine Jünger aussandte, sagte Er: *»Heilt Kranke, reinigt Aussätzige, weckt Tote auf, treibt Dämonen aus! Umsonst habt ihr es empfangen, umsonst gebt es!«* (Mt 10,8). Jesus verlangt keinen Preis für Seine Güte, weder damals noch heute.

Es scheint, als fürchteten wir uns davor, ein Evangelium zu predigen, das ohne Preisschild kommt, weil wir denken, es könnten solche einen Nutzen davon haben, die es nicht verdienen. Doch in solchem Denken steckt ein Fehler – denn keiner von uns hat es verdient! Menschen, die wissen, dass sie es nicht verdient haben, wird die Freundlichkeit Gottes, wenn sie seine Liebe erfahren, zur Buße leiten – was nichts anderes heißt, wie wir wissen, dass sich ihre Einstellung zu ihm ändert und ihr Denken eine neue Richtung bekommt. Paulus fragte weiter: *»Wer will gegen die Auserwählten Gottes Anklage erheben? Gott, der sie rechtfertigt?«* (Röm 8,33). In der Originalsprache heißt es: »Wer sollte eine Anschuldigung gegen die von Gott Auserwählten vorbringen? Sollte das der Gott sein, der sie freispricht?« Wenn Gott der Eine ist, der uns freispricht, wenn Gott der Eine ist, der uns rechtfertigt, wenn Gott der Eine ist, der uns gerecht macht, warum sollte Er sich abwenden und uns anklagen und beschuldigen? Gott sucht keine Fehler an uns; daher ist die Antwort offensichtlich: Nein. Gott ist kein fehlersuchender Gott.

Überleg mal: Gott hat mir die Gerechtigkeit gegeben, die ich habe. Ich komme nicht mit meiner Gerechtigkeit vor Ihn. Ich komme vor Ihn mit der Gerechtigkeit, die Er *Jesus* gegeben hat. Wenn Gott also einen Fehler an mir findet, hat er einen Fehler an seinem eigenen Werk gefunden. *»Denn wir sind Sein Werk, erschaffen in Christus Jesus zu guten Werken«* (Eph 2,10).

Warum sollte Gott an Seinem eigenen Werk Fehler finden? Offensichtlich tut Er das nicht. Das bedeutet, dass das Gefühl, den Erwartungen nicht zu entsprechen, und die Angst und Unsicherheit, mit denen ich mich Gott nähere, Erzeugnisse meines eigenen Herzens sind. Gott sucht in mir nicht nach Fehlern.

Es ist offensichtlich, dass mich mein Herz verurteilt, wenn ich sündige. Ich muss meinem Herzen zuhören. Ich muss das Verhalten ändern, das mich meines Vertrauens in Gott beraubt. Doch Gott ist größer als mein Herz. Mein Herz sagt mir, dass ich mein

Verhalten ändern muss, um in guter Beziehung mit anderen Menschen leben zu können. Doch das vollendete Werk Jesu sagt mir, dass Gott mich trotzdem liebt und anerkennt. Es sagt mir, dass ich mit Kühnheit vor Ihn treten kann und Hilfe bekommen kann, auch wenn ich vielleicht so meine Probleme habe.

Paulus fährt mit der nächsten Frage fort: *»Wer will gegen die Auserwählten Gottes Anklage erheben? Gott [ist es doch], der rechtfertigt! Wer will verurteilen? Christus [ist es doch], der gestorben ist, ja mehr noch, der auch auferweckt ist, der auch zur Rechten Gottes ist, der auch für uns eintritt!«* (Röm 8,33–34). Wieder zeigt Paulus auf, wie absurd es ist zu denken, dass Verdammung, Fehlersuche und Verurteilung vom Herrn Jesus kommen könnten. Warum sollte Er Fehler in uns finden, wenn Er der Eine ist, der für uns gestorben ist? Ganz offensichtlich tut Er das nicht.

Wenn Jesus für mich ist, kann Er nicht gegen mich sein. Er wäre nicht in der Gegenwart Gottes für mich, aber in meiner Gegenwart dann wiederum gegen mich. Das Gefühl der Verurteilung und die Erwartung des Gerichts kommen nicht von ihm. Er ist für mich. Jesus ist für mich, nicht gegen mich.

Obwohl die meisten Christen dem zustimmen, ziehen sie die Grenze, wenn ein Mensch sündigt. Es ist leicht zu glauben, dass Gott uns liebt, solange wir das Richtige tun, doch nur wenige Menschen glauben, dass Gott sie liebt, wenn sie etwas Falsches tun. 1. Johannes 2,1 sagt: *»Meine Kinder, dies schreibe ich euch, damit ihr nicht sündigt!«* Es ist offensichtlich, dass Gott nicht will, dass wir sündigen, doch der Vers geht noch weiter. *»Und wenn jemand sündigt, so haben wir einen Fürsprecher bei dem Vater, Jesus Christus, den Gerechten.«* Die Stelle sagt nicht, dass Gott uns verurteilt, wenn wir sündigen. Sie sagt nicht, dass Jesus uns anklagen wird. Sie sagt, dass Jesus noch immer unser Fürsprecher ist, wenn wir sündigen. Ein Fürsprecher ist *für* dich, nicht gegen dich. Sogar wenn du sündigst, ist Jesus auf deiner Seite. Er ist nicht derjenige, der dich verdammt. Er ist derjenige, der dir hilft, der Sünde zu entkommen.

Die Bibel sagt, dass Satan – nicht Jesus! – der Ankläger der Brüder ist. Verurteilung hilft niemandem, der Sünde zu entkommen. Sie zerstört die Zuversicht und das Selbstwertgefühl. Sie lähmt das Vertrauen, dass Gott uns helfen will. Verdammung ist das stärkste Mittel, das der Teufel gegen die Gläubigen einsetzt. Wenn er dich glauben machen kann, dass Gott gegen dich ist, kann er dich von dem Einen trennen, der dir als Einziger helfen kann.

Wir sind derart konditioniert worden, dass wir wirklich denken, Gott sei die Quelle unserer Schwierigkeiten. Wenn Schwierigkeiten kommen, ist oft unser erster Gedanke: »Oh nein! Was habe ich getan? Warum tut Gott mir das an?« Jesaja 54,15 sagt: *»Siehe, sie mögen sich wohl zusammenrotten; aber es kommt nicht von mir; …«* Und Jeremia prophezeit: *»Sie werden zwar gegen dich kämpfen, aber sie werden dich nicht überwältigen; denn ich bin mit dir, spricht der HERR, um dich zu erretten«* (Jer 1,19).

Wenn Gott der Erlöser ist, kann Er nicht der Zerstörer sein. Wenn Gott für dich ist, kann Er nicht gegen dich sein. Das Neue Testament formuliert es so: *»Niemand sage, wenn er versucht wird: Ich werde von Gott versucht. Denn Gott kann nicht versucht werden zum Bösen, und er selbst versucht auch niemand«* (Jak 1,13). Der Ausdruck »versucht werden« bedeutet eine Verlockung zum Bösen bzw. auf die Probe gestellt, in Schwierigkeiten geführt oder geprüft zu werden. Sag nicht, dass deine Prüfungen von Gott kommen! Wenn du merkst, dass du geprüft wirst, dann sag nicht, dass es Gott ist, der das mit dir macht. Gott durchleuchtet dich nicht auf Fehler. Er hat dich in Jesus gerecht gemacht.

Wir haben Gott zum Bösewicht gemacht. Die Welt will nicht zu dem Gott kommen, den wir der Welt präsentiert haben. Die meisten Menschen, oder besser gesagt Christen, haben das Gefühl, dass es einfacher ist, ein Sünder zu sein, als ein Christ zu sein. Aber dessen darfst du dir sicher sein: Der Gott, den wir der Welt gezeigt haben, ist nicht derselbe Gott, den Jesus der Welt gezeigt hat. Deshalb – entweder lag Er falsch oder wir liegen falsch.

Ich erinnere mich daran, wie ich einmal einem Alkoholiker von der Liebe Gottes erzählte. Ich versicherte ihm, dass Gott ihn liebe und barmherzig sei. Als er weinend dasaß, sagte er plötzlich: »Lass mich deine Bibel sehen.« Ich gab sie ihm und fragte: »Wonach suchst du?« Er sagte: »Ich will sehen, ob das dieselbe Bibel ist, die auch die anderen Prediger verwenden.« Dann fuhr er fort: »Ich habe noch niemals von dem Gott gehört, von dem du mir gerade erzählst.« Bei diesem Mann handelte es sich um jemanden, der im sogenannten »Bible Belt« (Bibelgürtel) im Süden der USA lebte. Er war als Kirchgänger aufgewachsen, doch er hatte noch nie von der Liebe Gottes gehört.

Gott kennt keine Doppelmoral. Er verlangt von uns nicht, einander zu lieben, und schließt sich dann aber selbst davon aus. Gott ist der Urheber der Liebe. Die wahre Liebe kommt von Gott. Er bewies Seine Liebe dadurch, dass Er Jesus sandte, der für uns sterben sollte. Wir verdienten es nicht und wollten es nicht einmal, doch in Seiner Liebe sandte Er uns Seinen einzigen Sohn.

Wenn Jesus in uns hineinkommt, bringt Er das *Zoe*-Leben Gottes mit sich. Alle Heilung, jede Kraft und die Fülle Gottes sind durch Christus in dir. Wenn du von der Liebe Gottes überzeugt bist, wirst du Seinem *Zoe*-Leben erlauben, mit Zuversicht, Freude und Danksagung in dich hineinzufließen.

*Kapitel 14*

# GLAUBE AUFGRUND GUTER NACHRICHTEN

Das Evangelium des Friedens ist die einzige Quelle, aus der sich wahrer Glaube aufbauen lässt. Jahrelang haben wir Römer 10,17 hergenommen und gesagt, dass der Glaube kommen wird, wenn wir das Wort Gottes immer wieder hören. Es gab eine Zeit, zu der ich das glaubte und lehrte. Doch das ist nicht die Aussage dieser Bibelstelle – und die Kirchengeschichte bestätigt diese Sicht auch nicht.

Wenn das Hören des Wortes reichen würde, um wahren Glauben aufzubauen, warum wirken dann nicht alle Menschen Wunder, heilen Kranke und lassen Tote auferstehen? Warum vertrauen nicht alle Menschen, die das Wort hören, auf Gott? Wenn der Glaube durch das bloße Hören des Wortes käme, wäre es ein Leichtes, bei allen Menschen einen lebensverändernden Glauben zu bewirken. Doch viele Menschen, die die Bibel lesen, entwickeln trotzdem Ängste. Häufig ziehen sie sich von Gott zurück. Die meisten Menschen, die in der Kirche sitzen und das Wort hören, vertrauen Gott dennoch nicht in allen Lebensbereichen.

Römer 10,17 sagt: *»Demnach kommt der Glaube aus der Predigt, die Predigt aber durch Gottes Wort.«* Um diese oder irgendeine andere Schriftstelle zu verstehen, müssen wir untersuchen, in welchem Zusammenhang sie steht. Der Kontext dieses einen Verses sind die vorhergehenden zehn Kapitel im Brief an die Römer, in denen es um die Glaubensgerechtigkeit geht.

In Römer 10,13 wird es allmählich konkreter: »*Denn:* ›*Jeder, der den Namen des Herrn anruft, wird gerettet werden*‹.« Dann wird schrittweise erklärt, wie ein Mensch dazu gebracht wird, den Namen des Herrn anzurufen. Vers 14 erklärt, dass ein Mensch den Namen des Herrn nicht anrufen wird, wenn er nicht an Ihn glaubt.

Als nächstes wird erläutert, dass ein Mensch nicht an Gott glauben wird, wenn er nicht von Ihm gehört hat. Was du über Gott hörst, ist ausschlaggebend dafür, ob du dich an ihn wendest oder nicht. Wenn das, was du über Ihn hörst, dich davon überzeugt, dass Gott dich liebt und annimmt, dann wirst du dich vertrauensvoll an ihn wenden. Wenn das, was du hörst, dich jedoch an Seiner Liebe zweifeln lässt, dann wirst du nicht die nötige Zuversicht haben, um dich an ihn zu wenden.

Die Frage in der Schrift lautet dann: »*Wie sollen sie aber hören ohne Prediger?*« Ganz gleich, was die Bibel sagt – der Prediger, dem du zuhörst, wird einen Einfluss darauf haben, wie du das Wort hörst (verstehst). Ein Mann kam zu Jesus und stellte Ihm eine Frage. Jesus gab daraufhin eine Antwort, die man nicht erwartet hätte. Jesus fragte den Mann zurück: »*Was steht im Gesetz geschrieben? Wie liest du?*« (Lk 10,26). Jesus stellte ihm zwei Fragen. Erstens: »Was sagt die Schrift?« Und zweitens: »Wie deutest du das?«

Es kann ein himmelweiter Unterschied bestehen zwischen dem, was die Bibel sagt und der Art und Weise, wie du es deutest. Wir sind komplett darauf getrimmt, Gott so zu sehen, wie der Prediger Ihn sieht. Deshalb ist es wichtig, die Bibel selbst zu lesen und durch die Schrift und persönliche Beschäftigung ein eigenes Konzept von Gott zu entwickeln.

In Lukas 8,18 warnt Jesus: »*So habt nun acht, wie ihr hört!*« Wie du zuhörst, ist genauso wichtig wie das, was du hörst. Wenn du eine Verheißung Gottes hörst, ist sie absolut wahr. Doch wenn du eine falsche Bedingung an den Erhalt dieser Verheißung knüpfst, hast du das, was dir Leben bringen könnte, genommen und es in etwas verwandelt, das todbringend ist.

Ich muss dem Wort erlauben, dass es für sich selbst spricht. Ich darf es nicht einfach auf eine Art auslegen, die mir zwar vernünftig erscheint, die aber ihre Grundlage nicht im neuen Bund hat. Ich darf mich nicht am alten Bund orientieren, um zu verstehen, wie Gott im neuen Bund wirkt, selbst wenn es mir vernünftig und logisch erscheinen mag. Das zu tun würde bedeuten, die Gültigkeit des neuen Bundes abzulehnen.

Ich muss realisieren, dass die Person, die mir das Wort predigt, darauf Einfluss nimmt, wie ich höre. Ich habe Anteil an den Wahrnehmungen und Vorlieben dieser Person. Deshalb heißt es: »*Wie sollen sie aber predigen, wenn sie nicht ausgesandt werden?*« Es gibt zu viele, die nicht mit der Botschaft des neuen Bundes ausgesandt wurden. Sie haben aus eigenen Beweggründen zu verkündigen begonnen. Sie sind darauf bedacht, ihre eigenen Ansichten zu verewigen; sie wurden nicht mit dem »Evangelium des Friedens« ausgesandt.

Römer 10,15 sagt: »*Wie sollen sie aber predigen, wenn sie nicht ausgesandt werden? Wie geschrieben steht: ›Wie lieblich sind die Füße derer, die das Evangelium des Friedens, die das Evangelium des Guten verkündigen!‹.*« Nicht jeder Prediger hat »liebliche Füße«. Nicht jeder Prediger geht den Weg des Friedens. Es heißt, dass diejenigen gesandt wurden, die DAS EVANGELIUM DES FRIEDENS predigen, die GUTES VERKÜNDIGEN.

Leider glauben nicht alle Prediger diese Botschaft. Sie glauben nicht, dass es einen Bund des Friedens gibt. Deswegen predigen sie eine Botschaft der Furcht und Verdammnis. In Römer 10,16 steht geschrieben: »*Aber nicht alle haben dem Evangelium gehorcht; denn Jesaja spricht: ›Herr, wer hat unserer Predigt geglaubt?‹.*«

Der Glaube kommt nicht vom Hören des Wortes im Allgemeinen. Der Glaube kommt, wenn wir die frohe Botschaft hören, das Evangelium des Friedens. Wenn wir das Evangelium des Friedens hören, wird unser Glaube (Vertrauen) aufgebaut. Wenn wir schlechte Nachrichten über Werke, das Gesetz und Leistungen hören, wird unser Vertrauen (Glaube) zerstört. Die Botschaft des Friedens führt uns zu Gott; die Botschaft des Gerichts lässt uns vor Gott davonlaufen.

Hebräer 11,1 sagt: *»Es ist aber der Glaube eine feste Zuversicht auf das, was man hofft, eine Überzeugung von Tatsachen, die man nicht sieht.«* Wahrer Glaube ist immer das Produkt der Hoffnung. Das Wort Hoffnung bedeutet in der ursprünglichen Sprache »eine zuversichtliche Erwartung guter Dinge«. Eine gewisse Erwartung schlechter Dinge erzeugt Angst. Eine zuversichtliche Erwartung guter Dinge erzeugt Glauben.

Alle Christen sollten als Grundhaltung gute Dinge erwarten. In jeder Situation sollten wir von Gott gute Dinge erwarten. Doch das wird niemals so sein, wenn wir Lehren hören, die Gott als die Quelle unserer Schmerzen, Prüfungen, Probleme und Schwierigkeiten hinstellen. Diese Art von Lehre bewirkt, dass man von Gott schlechte Dinge erwartet. Die Bibel nennt dies Furcht. Laut Hebräer 11,1 kann es keinen Glauben geben, wo es keine Hoffnung (zuversichtliche Erwartung des Guten) gibt.

Sogar der Glaube kann zu einem Gesetz werden, wenn du eine falsche Vorstellung von Gott hast. Ich habe viele Christen gesehen, die versuchten, durch ihren Glauben Gottes Ansichten zu ändern und sich ihre Annahme bei Ihm zu verdienen. Es handelt sich hierbei um Werke; man kann hier nicht mehr von Glauben sprechen. Der Glaube wirkt auf der Grundlage von Verheißungen, nicht auf der Grundlage von Werken. Der Glaube vertraut auf Gott, weil Er gut ist. Der Glaube versucht nicht, Ihn dazu zu bringen, Gutes zu tun. Der Glaube weiß, dass Gott gut ist.

Wir sind fälschlicherweise gelehrt worden, dass der Glaube etwas ist, das wir zu tun haben, damit Gott uns antwortet. Wenn wir irgendetwas tun müssen, damit Gott uns antwortet, sind wir bei der Werkegerechtigkeit angelangt. Wir glauben nicht deshalb, damit Gott uns antwortet – der Glaube ist vielmehr unsere Reaktion auf das, was Gott durch Jesus bereits getan hat. Wenn wir meinen, Gott zum Handeln bewegen zu müssen, dann glauben wir nicht, dass dies bereits durch Jesus geschehen ist. Wenn wir wissen, dass Gott uns in Jesus bereits jede Versorgung gegeben hat, dann ist unser Leben von einer zuversichtlichen Erwartungshaltung geprägt.

In jeder Situation beherrschen entweder Hoffnung oder Furcht unser Leben. Wenn man nicht mit Zuversicht die guten Dinge erwartet, lebt man in Furcht oder Sorge. Unsere grundlegende Auffassung von Gott beeinflusst unseren Glauben mehr als alles andere. Wir können alle Methoden und Techniken hinsichtlich eines wirksamen Glaubens erlernen, doch ohne die nötige zuversichtliche Erwartung des Guten werden wir keinen Glauben entwickeln.

Unsere falsche Auffassung von Gott stammt im Allgemeinen von der Unfähigkeit, den alten und den neuen Bund korrekt zu unterscheiden. Die meisten Christen vermischen die beiden miteinander und versuchen dann, sich Gott auf der Grundlage eines verdrehten, aus dieser Mixtur entstandenen Bundes zu nähern. In Psalm 78,37 erklärt Gott, dass das Problem Israels ein Problem des Herzens war: *»denn ihr Herz war nicht aufrichtig gegen ihn, und sie hielten nicht treu an seinem Bund fest.«* In ähnlicher Weise sind auch wir in diesem neuen Bund nicht so gefestigt, wie es gut wäre.

Weil wir im neuen Bund nicht gefestigt sind, neigen wir dazu, ihn mit dem alten Bund zu vermischen. Wir orientieren uns fortlaufend am Alten Testament, um zu verstehen, wie Gott sich den

Menschen gegenüber verhält. Weil unsere Glaubensinhalte nicht auf dem neuen Bund basieren, kommen wir mit gewissen vorgefassten Ansichten zu Gott. Diese Vorstellungen bestimmen, wie wir das Wort Gottes hören, lesen, deuten und verstehen.

Ich hörte einmal eine Geschichte über einen orientalischen Jungen, der an einer Küste saß und die Segelboote beobachtete. Als er so hinschaute, bemerkte er, dass der Wind nur in eine Richtung blies, die Boote sich jedoch in alle Richtungen bewegten. Er fragte einen weisen alten Mann: »Wie ist das möglich, dass der Wind nur in eine Richtung bläst, die Boote sich jedoch in die verschiedensten Richtungen bewegen?« Der weise alte Mann entgegnete: »Nicht die Windrichtung bestimmt die Richtung der Boote, sondern die Art und Weise, wie die Segel gesetzt werden.«

In unserem Leben ist es ähnlich: Nicht die Richtung des Wortes, das wir lesen, ist ausschlaggebend, sondern vielmehr die Richtung dessen, was wir in unseren Herzen glauben. Wir haben unsere Segel aufgrund unserer Traditionen gesetzt. Diese Traditionen führen dazu, dass Gottes Wort in unserem Leben wirkungslos bleibt, wie es auch bei den Pharisäern zur Zeit Jesu der Fall war (siehe Mk 7,13).

Außerhalb vom Evangelium des Friedens werden wir nirgends die Hoffnung finden, die Glauben hervorbringt. Jesus las dieselben Schriften wie die Pharisäer, doch Er erkannte, dass Gott ein Heiler und Wundertäter ist. Er erkannte Gott als barmherzigen Vater, der immer bereit ist, den Menschen zu vergeben und sie wiederherzustellen. Die Pharisäer lasen dieselben Schriftstellen und hielten Gott für einen zornigen Gott, der die Menschen mit schweren religiösen Bürden niederdrückte. Was ist der Unterschied? Er besteht im Setzen der Segel.

Weißt du, du findest das, wonach du suchst. Wenn du glaubst, dass Gott gemein, richtend und schwer zufriedenzustellen ist, wirst du Bibelstellen finden, die dies bekräftigen. Doch wenn du, wie Jesus, Gott als liebenden Vater siehst, wirst du die Verheißungen finden, die dir Hoffnung geben.

In Sprüche 10,29 steht: »*Der Weg des HERRN ist eine Schutzwehr für den Unschuldigen; den Übeltätern aber bringt er den Untergang.*« Je nach Zustand des Herzens kann das Wort, das den einen Menschen freisetzt, den anderen binden. Das Wort, das dem einen die Liebe Gottes zeigt, kann dem anderen etwas völlig anderes zeigen. Deshalb sollten wir stets darauf achten, wer oder was unseren Blick auf Gott beeinflusst oder prägt.

Unsere Auffassung von Gott entwickelt sich laufend weiter. Wir sollten unsere Herzen gegen alles verteidigen, das unser Vertrauen in Gott schwächen könnte. Die Bibel sagt in Römer 1,17: »*denn es wird darin geoffenbart die Gerechtigkeit Gottes aus Glauben zum Glauben, wie geschrieben steht: ›Der Gerechte wird aus Glauben leben‹.*« Alles, was ich höre und glaube, soll die Sicht der Glaubensgerechtigkeit bekräftigen und mich in meinem Vertrauen zu Gott bestärken.

## Kapitel 15

# SÄEN UND ERNTEN

Viele befürchten, dass das Evangelium des Friedens zu einer unmoralischen Lebensweise anregt. Wie es scheint, sieht der negativ denkende Mensch Bestrafung als einziges Mittel zur Eindämmung von Sünde. Aus dieser Angst heraus, dass die Menschen Gottes Güte ausnutzen könnten, haben wir in guter Absicht die Wahrheit verschwiegen. Doch Paulus schrieb, dass er sich des Evangeliums (der Frohen Botschaft) nicht schäme. Er erkannte, dass es die Kraft Gottes zum Heil ist (siehe Röm 1,16). Er wusste, dass nur die Frohe Botschaft von der Glaubensgerechtigkeit jenes Heil bewirken kann, das Gott für uns vorgesehen hat.

Wegen dieser Botschaft wurde Paulus verfolgt. Im Brief an die Römer erklärte er, dass man ihn beschuldigt habe, die Menschen zur Sünde zu ermutigen. In seinem Brief an die Korinther musste er seine Botschaft und seinen Dienst als Apostel verteidigen. Im Brief an die Galater sprach er die Judaisierer an, die nach ihm gekommen waren und seine Botschaft schlechtgemacht hatten. Sie versuchten, die Menschen vom Frieden und von der Gnade weg und hin zu einem Gemisch aus Altem und Neuem Bund zu bringen. Trotzdem erklärte Paulus noch immer zuversichtlich: »Ich schäme mich der Frohen Botschaft der Glaubensgerechtigkeit nicht.«

Man muss sich einfach darüber im Klaren sein, dass es immer Menschen geben wird, die meinen, sie könnten die Güte Gottes ausnutzen. Diese Menschen sind so, wie sie sind, egal, was man ihnen predigt. Ein verkehrtes Herz wird immer alles zum eigenen Nutzen verdrehen. Doch wir dürfen nicht zulassen, dass die Verkehrtheit Einiger uns zum Lügen verleitet. Anstatt seine Botschaft abzuändern, warnte Paulus in Galater 5,13: »*... nur macht die Freiheit nicht zu einem Vorwand für das Fleisch.*« Ganz ähnlich warnte er auch die Leser im Brief an die Korinther. Petrus warnte vor den gleichen Dingen. Wir müssen die Menschen warnen, doch wir dürfen die Wahrheit nicht verdrehen.

In Galater 6,7 heißt es: »*Irret euch nicht; Gott lässt sich nicht spotten! Denn was der Mensch sät, das wird er auch ernten.*« Aids ist nicht die Strafe eines zornigen Gottes, ebenso wenig wie andere Krankheiten, Armut und alle sonstigen Plagen der Menschheit. Einige unserer Qualen sind offensichtlich das Werk des Teufels, doch der Großteil unseres Leides ist das Ergebnis des Prinzips von Saat und Ernte.

Wir sollten die Menschen vor der zerstörerischen Kraft der Sünde warnen. Wir sollten sie erkennen lassen, wie viel Kummer die Sünde in das Leben von Menschen bringt. Doch wir sollten ihnen niemals einreden, ihr Leid sei Gottes Strafe für ihre Sünden. Unser Leben besteht aus einer Folge von Entscheidungen. Wir müssen mit den Konsequenzen dieser Entscheidungen, die wir treffen, leben. Wenn wir losgelöst von der Wahrheit handeln, werden wir Verderben ernten. Wenn wir hingegen Entscheidungen treffen, die auf der Wahrheit basieren, werden wir Gutes ernten.

Beim Gesetz von Saat und Ernte handelt es sich nicht um den Segen Gottes oder um die Strafe Gottes. Es geht dabei einfach um ein natürliches Gesetz, das Gott eingeführt hat. Wenn du Getreide anbauen möchtest, kannst du nicht beliebiges Saatgut säen. Du musst genau die Art von Korn säen, die das gewünschte Ergebnis hervorbringen wird.

Wenn die Menschen erkennen, dass die Sünde die Quelle ihres Übels ist, werden sie die Sünde hassen. Doch noch denken die Menschen, dass *Gott* die Quelle ihres Leides ist, und hassen deshalb stattdessen ihn. Doch Gott hat nie jemandem unter dem neuen Bund Leid zugefügt. Er hat uns vom Fluch des Gesetzes erlöst, und Er hat uns die Weisheit Seines Wortes gegeben, damit wir wissen, wie wir schmerzvolle Entscheidungen vermeiden können.

Gott hat uns gezeigt, wie wir siegreich leben können. Er hat dies durch den Herrn Jesus möglich gemacht. Wenn wir uns für Dinge entscheiden, die unser Leben zerstören, dann ist das nicht ein Gericht Gottes, sondern wir erfahren das Ergebnis unserer eigenen Handlungen. Und täusche dich nicht, das Gesetz vom Säen und Ernten ist in der Welt immer noch gültig. Doch Gott sei Dank gibt es ein höheres Gesetz, nämlich das Gesetz des Geistes des Lebens (*zoe*) in Jesus Christus (siehe Röm 8,2).

Wenn wir genug haben von den zerstörerischen Einflüssen unserer selbsterwählten Wege, können wir uns einem liebenden, barmherzigen Gott zuwenden, Vergebung erfahren und vom Gesetz der Saat und Ernte erlöst werden. Du fragst dich vielleicht: »Bedeutet das, dass ein Mensch sündigen und um Vergebung bitten kann und niemals irgendeine Strafe für seine Sünden bekommen wird?« Ja, genau so ist es unter dem neuen Bund der Gnade, denn Jesus hat bereits alle Strafe getragen.

Doch auch wenn es keine Strafe gibt, hat die Sünde Auswirkungen auf uns, die verheerend für unser Leben sein können. Die Bibel ermahnt uns, dass wir unser Herz mit großer Sorgfalt beschützen sollen, da alle wichtigen Dinge im Leben vom Herzen ausgehen (siehe Spr 4,23). Alles, was dein Leben ausmacht oder ausmachen wird, fließt aus deinem Herzen. Dein Leben wird niemals besser sein als der Zustand deines Herzens. Du lebst aus der Fülle deines

Herzens. Aus diesem Grund werden die verheerendsten Auswirkungen der Sünde immer am Herzen offenbar.

Hebräer 3,13 besagt: »*Ermahnt einander vielmehr jeden Tag, solange es ›Heute‹ heißt, damit nicht jemand unter euch verstockt wird durch den Betrug der Sünde!*« Die Sünde verhärtet das Herz. Sie macht es Gott gegenüber unempfindsam. Paulus warnt die Christen im Brief an die Epheser, nicht wie die Heiden zu leben. »*Das sage und bezeuge ich nun im Herrn, dass ihr nicht mehr so wandeln sollt, wie die übrigen Heiden wandeln in der Nichtigkeit ihres Sinnes, deren Verstand verfinstert ist und die entfremdet sind dem Leben Gottes, wegen der Unwissenheit, die in ihnen ist, wegen der Verhärtung ihres Herzens; die, nachdem sie alles Empfinden verloren haben, sich der Zügellosigkeit ergeben haben, um jede Art von Unreinheit zu verüben mit unersättlicher Gier*« (Eph 4,17–19). Paulus warnt, dass ein Leben in Sünde unser Verständnis von Gott verdunkelt, wodurch wir uns vom Leben und der Fülle Gottes entfremden.

Entfremdung geschieht durch Unwissenheit in göttlichen Dingen als Ergebnis von Blindheit und Verhärtung des Herzens. Selbst nachdem wir Vergebung von unseren Sünden erhalten haben, kann unser Herz uns immer noch Probleme machen. Dieses Problem kann gelöst werden, doch es ist nicht leicht zu entdecken.

Die Verhärtung unseres Herzens kann mit Schwielen verglichen werden. Wenn man ohne Handschuhe mit einer Hacke oder Schaufel arbeitet, bekommt man Blasen an den Händen. Diese Blasen sind sehr schmerzhaft und erschweren die Fortsetzung der Arbeit. Ganz ähnlich ist es mit der Sünde. Wenn wir zum ersten Mal sündigen, ist das für das Herz eines Christen sehr schmerzhaft. Weil wir ein gerechtes Wesen haben, können wir nicht länger sündigen, ohne dabei Schmerz zu empfinden. Doch wenn der Mensch, der bei der Gartenarbeit Blasen bekommen hat, mit der

Arbeit fortfährt, werden die Blasen allmählich zu Schwielen, welche die Schmerzempfindung reduzieren. Auf ähnliche Weise verhärtet auch das Herz – solange, bis es dem Werk, der Überzeugung und der Weisung des Heiligen Geistes gegenüber unempfindlich wird.

Paulus sagt in Vers 19: »*... die, nachdem sie alles Gefühl verloren ...*« Lenski nennt dies »aufhören, den Schmerz der Überführung zu spüren«. Der Mensch sündigt weiter, ohne die Zerstörung zu bemerken, die in ihm zu wirken beginnt. Oft gelangt er sogar an den Punkt, an dem er denkt, sein Verhalten sei in Ordnung, denn schließlich spüre er ja nichts Unangenehmes, aber das ist bloß die irreführende Wirkung der Sünde, die wie ein schleichendes Gift ist.

Hebräer 3,12 warnt: »*Habt acht, ihr Brüder, dass nicht in einem von euch ein böses, ungläubiges Herz sei, das im Begriff ist, von dem lebendigen Gott abzufallen!*« Der Betrug der Sünde ist nicht offensichtlich. Er betrifft das Herz. Ein verhärtetes Herz wird sich von Gott immer mehr entfernen – und es schlimmstenfalls nicht mal als Verlust empfinden.

Wenn es dir so ergeht, heißt das aber nicht, dass du ein Abtrünniger bist, für den es keine Hoffnung mehr gibt. Solange du lebst, kannst du als Kind Gottes immer umkehren. Gott hört niemals auf, dich zu lieben, auch wenn du sündigst. Und er bleibt seinen Zusagen immer treu, auch wenn wir untreu sind. Deshalb kannst du deine Errettung auch nicht verlieren, wenn du einmal wirklich errettet warst. Jesus wird sich niemals gegen dich stellen. Er wird immer auf deiner Seite sein (siehe 1Joh 2,1). Doch du wirst dich selbst vieler Dinge berauben, die mit einer innigen Beziehung zum Herrn einhergehen. Mit der Botschaft des Friedens müssen wir deshalb immer auch vor schädlichen Verhaltensweisen warnen, die sich mithilfe des Heiligen Geistes überwinden oder gar vermeiden lassen. Gott wird dir nicht zusetzen, wenn du sündigst, die Sünde allerdings schon.

Wir müssen uns in diesem Zusammenhang auch die Auswirkungen der Sünde im Alltagsleben bewusst machen. Obwohl Gott barmherzig ist, sind es die Menschen im Allgemeinen nicht. Es kann sein, dass wir lange Zeit, nachdem wir die Vergebung Gottes erfahren haben, von unseren Mitmenschen immer noch die Auswirkungen unserer früheren Sünden zu spüren bekommen. Es kann sein, dass sie uns nicht vertrauen können. Möglicherweise sind sie immer noch über uns verärgert. Vielleicht gibt es einige, die uns das, was wir ihnen angetan haben, nie vergeben werden. Und das ist nur eine von vielen möglichen schmerzhaften Folgen, wenn wir das Prinzip von Saat und Ernte in dieser Welt ignorieren.

## Kapitel 16

# EINE LIEBESBEZIEHUNG

Als ich begann, die Kirche zu besuchen, hörte ich viel davon, dass man Jesus zum persönlichen Retter machen und eine persönliche Beziehung mit dem Herrn haben soll. Als ich dann aber mit diesen Menschen, die so redeten, Gemeinschaft hatte, stellte ich fest, dass sie selbst keine persönliche Beziehung zu Jesus hatten. Sie fühlten sich nur mit ihren Ideen, Lehren und Überzeugungen verbunden.

Sie waren gute Menschen und zweifellos gerettet. Was ich dort jedoch sah und über Gott gelehrt wurde, hatte nichts mit Beziehung zu tun. Beziehungen erfordern Zeit und Einsatz – zwei Dinge, die die meisten Menschen nicht aufbringen wollen oder können. Ich habe Leute tatsächlich schon sagen hören: »Nenne mir einfach ein paar Regeln, und ich halte sie ein.« Regeln verlangen uns nicht viel ab, doch Jesus kam, um die Beziehung zwischen uns und dem Vater wiederherzustellen. Und diese Beziehung soll auf Liebe und Vertrauen aufbauen.

Im Johannesevangelium ist zu lesen, wie Jesus Seine letzten Stunden damit verbrachte, Seine Jünger zu unterweisen. Er erklärte, dass Er sterben, aber auch von den Toten auferstehen werde. Er versprach, dass Er nach Seiner Auferstehung den Heiligen Geist senden werde: den Tröster, den Ratgeber, den Geist der Gnade und der Wahrheit. Er erklärte, dass dieser uns all das sein werde, was er, Jesus, uns war, während Er hier auf der Erde lebte – mit einem Unterschied: Der Tröster würde *in* uns leben. So würde er uns vom Herzen ausgehend in die Gemeinschaft mit dem Vater ziehen.

Jesus sagte: »*Wenn ihr mich liebt, werdet ihr meine Gebote halten*« (Joh 14,15 NLB). Furcht wird eine Person dazu bringen, einem anderen zu gehorchen, auch wenn sie denjenigen hasst oder verachtet. Ein Sklave hat keine Wahl, er muss seinem Meister gehorchen, denn sonst muss er mit Bestrafung rechnen. Jesus aber sagte: »*Wenn* ihr mich liebt, werdet ihr meine Gebote – meine Worte, meine Unterweisungen – halten.« Unser Gehorsam sollte das Ergebnis von Freiwilligkeit und Liebe und nicht von Zwang und Furcht sein.

Als kleiner Junge in Tennessee hatte ich eine Menge Probleme. Ich war voller Zorn und Bitterkeit. Ich fluchte, stahl, prügelte mich mit anderen und tat alle die Dinge, die ein fieser kleiner Knirps so tut. Ich liebte meine Mutter, aber die Verhältnisse zu Hause waren so schlimm, dass ich es hasste, dort zu sein. In der Schule hatte ich schlechte Noten und ich war auch gar nicht daran interessiert, mich zu verbessern.

Die einzige positive Beziehung in meinem Leben war diejenige mit meinem Onkel. Als er vom Militärdienst nach Hause zurückkehrte, lebte ich bei meiner Großmutter. Er schenkte mir Beachtung. Er war mein Held. Er war alles, was ich selbst sein wollte. Er hatte einen extrem hohen Standard, und er erwartete von mir, dass ich dem entsprach, aber es gab überhaupt nichts Negatives zwischen uns. Er sagte mir immer, dass ich fähig sei, das zu tun, was er von mir erwartete. Weil er an mich glaubte, konnte er mich durch Liebe dazu bringen, das zu tun, wozu Hunderte von Schlägen mich nicht hatten bringen können. Ich gehorchte ihm nicht aus Furcht davor, was er mir antun könnte. Ich gehorchte ihm, weil ich ihn liebte, respektierte und unsere Beziehung schätzte.

Ich konnte den Gedanken nicht ertragen, dass ich ihn durch mein Verhalten enttäuschen könnte. Ganz ähnlich ist es, wenn wir die Liebe Gottes und Seine große Güte erkennen. Dann realisieren wir, wie kostbar diese Beziehung ist. Ich will nichts tun, um dem Einen zu missfallen oder Ihn zu enttäuschen, der doch so viel für mich getan hat. Weil ich Ihn liebe, wandle ich gemäß Seinem Wort. Und wenn ich versage, so weiß ich doch, dass ich nicht abgewiesen werde. Es ist eine wunderbare Sache, mit jemandem eine Beziehung zu haben, der einen hohen Standard hat, der uns aber nicht ablehnt, wenn wir Fehler machen. Die Tatsache, dass jemand an dich glaubt, wird dich dazu befähigen, wieder aufzustehen, wenn du gefallen bist.

Gott hat nicht einen Standard der Liebe für sich selbst und einen anderen Standard für uns. Die Liebe, wie sie in 1. Korinther 13 beschrieben wird, ist Gottes Art von Liebe. Wir sollen in dieser Art von Liebe wandeln, weil wir wie Gott sein sollen. Gottes Liebe weist uns weder ab noch verurteilt sie uns, und sie erlaubt auch uns nicht, dies zu tun. Obwohl Er heilig und vollkommen ist, weist Er uns in unserer Unvollkommenheit nicht ab. Weil wir in einer Umgebung des Friedens und der Akzeptanz leben, können wir beständig von Seiner Kraft zehren, bis wir überwunden haben.

In Johannes 14, 21+23 sprach Jesus: »*Wer meine Gebote festhält und sie befolgt, der ist es, der mich liebt; wer aber mich liebt, der wird von meinem Vater geliebt werden, und ich werde ihn lieben und mich ihm offenbaren. … Wenn jemand mich liebt, so wird er mein Wort befolgen, und mein Vater wird ihn lieben, und wir werden zu ihm kommen und Wohnung bei ihm machen.*«

Jesus will sich dir offenbaren. Er will eine persönliche Beziehung mit dir haben. Er und Sein Vater wollen zu dir kommen und mit dir Gemeinschaft haben, dich unterweisen und dich lieben. Das ist eine Herzensbeziehung. Die Kirche wird als Braut Christi beschrieben. Der Geist Gottes bewegte Paulus dazu, über Ehemänner und Ehefrauen zu sprechen, um uns die Beziehung, die Jesus zur Kirche hat, begreifbar zu machen. Ich liebe meine Frau sehr, und ich habe keine Angst, dass sie mir Schmerzen bereiten oder mich verletzen könnte. Sie will, dass ich Erfolg habe und glücklich bin. Wenn ich ausgerechnet die Person schlecht behandle, die so viel Gutes für mich will, bin ich ein Narr.

Ich bin nicht deshalb gut zu ihr, weil ich mich vor ihr fürchte. Wenn meine Frau und ich eine Unstimmigkeit haben, straft sie mich manchmal mit Schweigen. Dieses Schweigen tut mir nicht wirklich weh, weil sie nicht unbedingt reden muss, um mein Leben mit ihr großartig zu machen. Nicht das, was sie mir an Schmerz zufügt, weckt in mir das Bedürfnis, gut zu ihr zu sein. Vielmehr ist es der Verlust von Freude, Frieden und Erfüllung, der mich motiviert.

Es gibt so viele wunderbare Dinge in unserer Beziehung, und ich hätte zu viel zu verlieren, wenn ich nicht gut zu meiner Frau wäre. In gleicher Weise liebt mich Jesus. Er tröstet mich. Wenn ich krank bin, heilt Er mich. Ich muss mich niemals fürchten. Ich muss nichts entbehren, weil Er immer da ist. Warum sollte ich mich von einer Beziehung zurückziehen, die mir so viel bedeutet? Die Befriedigung, die in der Sünde liegt, ist nicht vergleichbar mit der Befriedigung, die aus dieser Beziehung kommt.

Wenn du Gottes Güte erkennst und erfährst, wirst du eine Liebesbeziehung entwickeln, die kostbarer ist als alles andere in deinem Leben. Die in dieser Beziehung erlebte Erfüllung wird dich vom Sündigen abhalten. Die Liebe erreicht weit mehr als das Gesetz. Dies kann nur geschehen, wenn wir Gottes Liebe in einer innigen und persönlichen Beziehung mit Ihm bewusst erfahren.

Kapitel 17

# DAS HERZ ERKENNEN

Weil das Herz der wichtigste Teil eines Menschen ist, sollten wir mehr darüber wissen als über irgendetwas anderes. Wir sind jedoch ein Volk, dem es an Erkenntnis mangelt (siehe Hos 4,6). Deshalb beschränken wir unsere Beziehung mit Gott auf Regeln und Vorschriften.

Das Gesetz erlaubt es einem Menschen nicht, sein Herz selbst zu erkennen. Ein Mensch kann all die richtigen Dinge tun, dies jedoch aus lauter falschen Gründen. Zwei Menschen können auf die gleiche Weise agieren – dabei kann es der eine ernst und ehrlich meinen, der andere kann betrügerisch und hinterlistig sein. Äußerlich mag ihr Handeln wesensgleich wirken, aber im Inneren weichen die Motive stark voneinander ab.

Nirgendwo gibt die Bibel uns das Recht, über das Herz eines anderen zu richten. Manchmal höre ich Menschen sagen: »Oh, er hat so ein gutes Herz.« Oft will ich sie dann fragen: »Woher wollt ihr das wissen? Wer hat euch das Recht gegeben, darüber zu urteilen?« Das Richten steht nur dem Herrn zu. Wir können nicht einmal unsere eigenen Herzen objektiv beurteilen, wie sollten wir denn dann das eines anderen richtig beurteilen können? In der Bibel steht, dass das Wort Gottes unsere Herzen erkennen, beurteilen und durchleuchten wird. Das Wort Gottes ist der Spiegel, in den ich blicke, damit ich mein eigenes Herz verstehen kann. Wenn ich das Wort Gottes lese und bei der Umsetzung von Liebe motiviert bin, werden meine Taten als Licht oder Finsternis offenbart.

Wenn ich in der Liebe wandle, die im Wort Gottes beschrieben steht, bringe ich mein Herz in Gottes Gegenwart zur Ruhe und vertreibe alle Verurteilung.

In den letzten Jahren hatte ich die Möglichkeit, viele Menschen zu retten, die aus einem gesetzlichen Umfeld kamen. Wenn solche Menschen die Kirche oder den Pastor verlassen, durch die sie mit der Botschaft von Gericht oder Verurteilung manipuliert und auf Kurs gehalten wurden, bricht eine Welt für sie zusammen. Sie kommen bis an den Punkt, dass sie nicht mehr in die Kirche gehen, nicht mehr beten, den Zehnten nicht geben und auch sonst nichts mehr tun wollen. Viele Außenstehende sagen dann: »Seht ihr, eine derart tolerante Botschaft fördert nur die Sünde!« Doch das Gegenteil ist wahr. Die Barmherzigkeit, die Wahrheit und das Licht Gottes sind der Sünde nicht förderlich; sie stellen die Sünde bloß. Welch ein Schock ist es für diese Menschen, wenn sie feststellen, dass sie aufhören, Gott zu dienen, sobald sie keiner mehr unter Druck setzt. Als das Element der Einschüchterung wegfiel, merkten sie erst, dass sie Gott nie wirklich liebten. Viele Menschen spielen ihr ganzes Leben lang diese Komödie und verstehen dabei zu keiner Zeit, warum sie in ihrem Leben mit Gott keinen wirklichen inneren Sieg haben.

Wie du siehst, handelt es sich hierbei nicht um Menschen, die eine liebevolle Beziehung mit Jesus haben, in der Er und der Vater kommen und sich ihnen offenbaren. Sie leben unter dem Gesetz und wissen sehr wenig von der Güte Gottes. Viele dieser Menschen haben nie eine wirkliche Umkehr erfahren, die eine Änderung des Denkens und des Herzens mit sich bringt. Es gab nur die Art von Reue, die sich aus Angst vor den Folgen der Sünde enthält. Diese Menschen sind in ihrem Herzen untreu geworden, obwohl sie äußerlich gute Dinge tun. Sie dienen Gott, doch nicht aus ihrem Herzen heraus. Ich stelle ihre Errettung nicht in Frage, jedoch durchaus ihre Freude darüber.

In Sprüche 14,14 (EÜ) heißt es: *»Der Untreue sättigt sich von seinen Wegen, der gute Mensch von dem, was in ihm ist.«* Der Zustand deines Herzens bestimmt, ob dein Leben voller guter oder schlechter Dinge sein wird. Nach außen hin mag alles gut erscheinen, doch wie sieht es in deinem Inneren aus? Bislang hat noch jeder, den ich kenne, einen großen Umbruch im Inneren erfahren, sobald er diese Botschaft begriffen hat.

Ich saß mal mit einem Mann im Gespräch, der aus einem sehr leistungsorientierten Milieu kam. Einige Jahre lang war er ein richtiger »Überflieger« gewesen. Er war einer der aufstrebenden jungen Männer in einer ziemlich großen Kirchengemeinde.

Während wir miteinander sprachen, sagte er: »Das funktioniert einfach nicht. Seit ich diese Botschaft gehört habe, bin ich nicht mehr so engagiert. Ich bete nicht mehr so viel. Ich lese meine Bibel nicht mehr so oft. Ich erzähle anderen nicht mehr so oft von Jesus.« Ich sagte darauf nur: »Für mich klingt es, als würde es sehr gut funktionieren.« »Wie kommst du darauf?«, fragte er.

Ich sagte: »Wie viele der Dinge, die du in den letzten Jahren getan hast, waren von der Liebe zu Gott und zu den Menschen motiviert? Und wie viele davon hast du nur getan, um als Mitarbeiter voranzukommen? Oder vielleicht auch, um die Gunst der Leiter zu gewinnen?«

Wir saßen da und starrten uns für einen langen Moment des Schweigens nur an. Plötzlich vergrub er sein Gesicht in den Händen, fing an zu weinen und sagte: »Das meiste davon habe ich getan, um persönlich voranzukommen. Ich suchte die Anerkennung der Leiterschaft.«

Ich bin ganz und gar für ein produktives Leben. Auf der anderen Seite sehe ich Menschen wie diesen jungen Mann, die durch solch wirklich schwierige Veränderungen gehen. Ich sehe, wie sie kämpfen, um mit Gott wieder in Berührung zu kommen. Es ist schwer, eine wirklich erlebbare Beziehung aufzubauen, nachdem man so viele Jahre lang leistungsorientiert und in Heuchelei zugebracht hat. Doch irgendwann sehe ich dann auch, wie diese Menschen Frucht zu tragen beginnen. Ich sehe, wie sie Freude und Frieden erfahren wie nie zuvor im Leben.

Um lieben zu können, müssen Einstellung und Beweggründe stimmen. Liebe funktioniert nicht auf der Basis von Gesetz und Verpflichtung. Das Evangelium des Friedens erfordert die richtige Herzenshaltung. Eines ist sicher: Menschen, die sich ihrer Gerechtigkeit vor Gott nicht bewusst sind, wird diese Botschaft völlig durcheinanderbringen. Wenn diese Botschaft der Gnade bei dir zu einer unmoralischen oder ungöttlichen Lebensweise führt, hast du ein Problem mit deinem Herzen. Wenn du der Ansicht bist, Gottes Barmherzigkeit und Vergebung kann man ruhig ausnutzen, dann stimmt etwas nicht mit deinem Herzen. Die Botschaft an sich ist nicht das Problem. Erinnere dich: *»Der Weg des HERRN ist eine Schutzwehr für den Unschuldigen; den Übeltätern aber bringt er den Untergang«* (Spr 10,29).

Das Herz ist der Sitz unserer Gefühle und unseres Willens. Gefühle kommen aus unterschiedlichen Quellen. Sie können vom Geist oder vom Fleisch angeregt werden. Gefühle können sehr täuschen. Viele Menschen leben für Gott, doch sie werden aufgrund der Gerichtsbotschaft ihrer Zuversicht beraubt. Andere leben für sich selbst, reden sich aber ein, sie wären mit Gott im Reinen. Deswegen geben Gefühle keinen zuverlässigen Hinweis auf den Zustand unseres Herzens. 1. Johannes 3,18–21 sagt uns, wie wir unsere Herzen vor Gott stärken und überzeugen können. Es heißt in Vers 18, wir können nur dann sicher wissen, dass wir in der Wahrheit sind, wenn wir sowohl im Wort als auch in der Tat lieben. In der Liebe zu wandeln, kann die Sache regeln, wenn unsere Herzen uns verdammen. Werke bringen mir nie die Gunst Gottes ein. Doch die Frucht meiner Beziehung mit Gott hilft mir, mein Herz zu überzeugen. Sie wird für meinen inneren Menschen zum Spiegel.

Wenn mich mein Herz nicht verurteilt, habe ich Zuversicht und erhalte, was auch immer ich begehre. Die Zuversicht ist ein wichtiger Teil meines Glaubens. Ich muss Gott gegenüber eine vertrauensvolle Erwartung haben. Ich muss Vertrauen in meine Stellung vor Gott haben.

1. Johannes 3,22 sagt: »*... und was immer wir bitten, das empfangen wir von Ihm, weil wir Seine Gebote halten und tun, was vor Ihm wohlgefällig ist.*« Jemand sagt vielleicht: »Schau, du musst die Gebote einhalten, damit deine Gebete erhört werden.« Erinnere dich, dass diese Schriftstelle im Zusammenhang mit dem Wandeln in Liebe steht. Durch das Halten Seiner Gebote verdienen wir uns keine Gebetsantwort, aber es bestärkt unser Herz und gibt ihm Gewissheit.

Vers 23 fährt fort: »*Und das ist Sein Gebot, dass wir glauben an den Namen Seines Sohnes Jesus Christus und einander lieben, nach dem Gebot, das Er uns gegeben hat.*« Wenn man an Jesus glaubt und in Liebe wandelt, erfüllt man das Gebot des Herrn. Deshalb enthüllt die Art, wie ich lebe, den Zustand meines Herzens. Wie ich mich dem Herrn gegenüber verhalte und wie ich mit den Menschen Gottes umgehe, entspringt nicht dem Bedürfnis, einer möglichen Verurteilung zu entgehen, sondern wird von der Liebe Gottes in meinem Herzen bestimmt.

Wenn ich nicht mehr durch Gerichtsandrohung eingeschüchtert werde, habe ich die Möglichkeit zu sehen, was sich wirklich in meinem Herzen befindet. Wenn du diese Botschaft der Liebe und des Friedens hörst und sie als Freibrief zur Sünde empfindest, hat sich soeben dein Herz offenbart. Jetzt weißt du, warum du in der Vergangenheit Probleme hattest. Nun weißt du, womit du wirklich gerungen hast. Die Wahrheit wird den Zustand deines Herzens offenbaren. Sie wird die wahren Beweggründe und Absichten aufdecken. *»Denn das Wort Gottes ist ... ein Richter der Gedanken und Gesinnungen des Herzens«* (Hebr 4,12).

*Kapitel 18*

# Ein reines Herz hervorbringen

Weil wir so negativ denken, haben wir angenommen, dass der Herr den Menschen nur durch harte, schmerzhafte Maßnahmen verändern kann. Aber dies ist Gott sei Dank nicht der Fall. Nur ein Narr muss auf die harte Tour lernen. Gott behandelt uns nicht wie Narren, sondern wie Söhne und Töchter. Unter dem alten Bund musste Er sich von außen mit dem Menschen befassen. Er benutzte negative Umstände, um ihnen den richtigen Weg zu weisen. Er ließ so manchen durch Schmerz und Leid gehen, damit der sich seines Irrwegs bewusst würde. Wer reinen Herzens ist, braucht so etwas jedoch nicht.

Sogar unter dem alten Bund versuchte Gott alles Erdenkliche, um den Menschen vor einer endgültigen Zerstörung zu bewahren. Weil der Mensch nicht erneuert war, konnte Gott nicht zu seinem Herzen sprechen. Es gab Eltern, Älteste, Lehrer, Propheten und andere, die eine Person unterrichteten. Es gab Unterweisung im Wort Gottes. Es gab viele Wege für den Menschen, um Unterweisung zu bekommen, zu lernen und sich zu verändern. Ein weiser Mensch hörte auf den Tadel und lernte daraus. Ein weiser Mensch war belehrbar. Er musste keinen Schmerz erfahren, um auf seinem Weg achtsam zu sein. Deshalb heißt es in Sprüche 10,8: »*Wer ein weises Herz hat, nimmt Gebote an, aber ein Narrenmund kommt zu Fall.*«

Mit einem törichten Menschen steht es ganz anders. Sprüche 19,29 teilt uns mit: *»Für die Spötter sind Strafgerichte bereit und Schläge für den Rücken der Toren.«* Ein Tor ist jemand, der aus Unterweisungen nichts lernt. Er lernt nur aus Konsequenzen. Schmerz ist die einzige Hoffnung für den Menschen, der das Wort nicht liest und nicht glaubt. Negative Konsequenzen sind das einzige Abschreckungsmittel für eine Person, die sich nicht vom Heiligen Geist führen lässt.

Was Gott unter dem Gesetz von außen her tat, tut Er jetzt im Innern, in unserem Herzen. Ich weiß durch Erfahrung, dass es nichts Schmerzlicheres gibt, als den »Stich« der Sünde in einem gesunden Gewissen zu spüren. Ich weiß, wie schlimm es ist, einen Weg einzuschlagen, der dem Herrn nicht gefällt. Der Schmerz, den ich dann empfinde, ist jedoch kein Gericht, sondern das, was eine erneuerte Natur empfindet, wenn sie verletzt wird.

Als Jesus in unser Leben kam, machte Er uns zu neuen Geschöpfen. Wir haben keine Sündennatur mehr. Wir sind nicht länger fähig, uns in der Sünde wohlzufühlen. Wir sind jetzt gerecht. Der Heilige Geist überzeugt uns fortwährend davon, dass wir gerecht sind. Logischerweise ist das nicht damit vereinbar, dass wir sündigen.

Außer dem Schmerz, der durch unser Gewissen kommt, bringt die Sünde noch von anderen Seiten Schmerz in unser Leben, vor allem in unsere Beziehungen. Die Auswirkungen der Sünden zerstören tiefgehende Beziehungen und trennen uns von denen, die wir lieben.

Wir dürfen niemals irrtümlich annehmen, dass der Schmerz, den wir wegen unserer törichten oder sündhaften Wege erfahren, der Zorn Gottes sei. Gott sagte, die Sünde würde uns töten. Wenn wir das nicht glauben und die Sünde nicht meiden, werden wir wie ein unbelehrbarer Narr durch den Schmerz der Sünde lernen müssen. Gott fügt zu unserer Sünde keinen Schmerz hinzu. Stattdessen will Er uns von der Sünde befreien und uns die Kraft zur Veränderung geben.

Doch wie züchtigt und verändert uns der Herr? Das Wort »züchtigen« bedeutet »ein Kind erziehen oder trainieren«. Bis zur Zeit von Augustinus war das Wort »züchtigen« ein positives Wort. Es beschrieb einen Vater, der sein Kind dazu erzog, den rechten Weg zu gehen. Augustinus gab dem Wort eine neue Bedeutung, da er fand, es sollte im Christentum eine stärkere Bedeutung haben. Deswegen haben wir noch immer eine negative Sicht in Bezug auf Gottes Umgang mit Seinen Kindern.

Im Hebräerbrief steht: *»Mein Sohn, achte nicht gering die Züchtigung des Herrn und verzage nicht, wenn du von ihm zurechtgewiesen wirst! Denn wen der Herr lieb hat, den züchtigt er, und er schlägt jeden Sohn, den er annimmt«* (Hebr 12,5–6).

Diese Schriftstelle wurde aus dem Buch der Sprüche zitiert, wobei es dort am Schluss heißt: »*... denn welchen der HERR lieb hat, den züchtigt Er, wie ein Vater den Sohn, dem er wohlwill.*« In der King James Version steht es so (ins Deutsche übertragen): »Denn welchen der Herr liebt, den züchtigt Er, wie ein Vater den Sohn, von dem Er begeistert, entzückt ist« (Spr 3,11–12).

Es steht dort nicht, dass der Herr wie ein Vater züchtigt, der Sein Kind hasst. Er züchtigt wie ein Vater, der von seinem Kind entzückt ist. Gott ist begeistert von dir – nicht wegen deiner Werke, sondern weil du in Jesus bist. Weil wir in Jesus sind, haben wir die hohe Berufung, Jesus gleichgestaltet zu werden (Röm 8,29). Dies ist Gottes Wille für uns; es ist unsere hohe Berufung. Gott will uns zu einem Ebenbild Jesu machen. Um dies zu vollbringen, wirkt Gott an unseren Herzen. Diese Veränderung ist ein Werk der Gnade in unseren Herzen.

Sprüche 17,3 sagt: »*Der Tiegel prüft das Silber und der Ofen das Gold; der HERR aber prüft die Herzen.*« Um Gold und Silber zu reinigen, muss es in den Ofen getan werden. Die Hitze bewirkt, dass die kostbaren Metalle sich von den Unreinheiten trennen und als Schätze hervortreten. Wie die Schrift aufzeigt, ist das die Aufgabe des Ofens. Es steht dort jedoch nicht, dass der Ofen dies tut UND dass Gott unsere Herzen prüft. Wenn dort ein UND stünde, hieße das, dass der Herr dasselbe tut wie der Ofen. Stattdessen heißt es ABER. Den Ofen braucht es, um die Metalle rein zu machen, ABER es braucht den Herrn, um das Herz rein zu machen. Das Wort »prüfen« bedeutet »hervorbringen«. Was Gott in dir tut, geschieht nicht durch den Ofen; es geschieht im Herzen. Gott reinigt uns, indem Er ein reines Herz in uns hervorbringt. Wenn Gott unser Herz rein machen kann, dann wird auch unser Leben rein sein.

In Psalm 51,8 anerkannte David: »*Siehe, du verlangst Wahrheit im Innersten: so tue mir im Verborgenen Weisheit kund!*« Nach seiner Erfahrung mit Batseba realisierte David, dass Gott mehr als gute Werke begehrte. Er wünschte sich Wahrheit im Herzen.

Veränderung, die aus dem Herzen kommt, ist dauerhaft. Sie bestimmt jede einzelne deiner Handlungen. Sie wird für dich zur »zweiten Natur«. In den Überzeugungen des Herzens lässt sich ohne Anstrengung wandeln. Veränderung im Äußeren ist nicht mehr als Verhaltensmodifikation. Diese Veränderung wird nur so lange andauern, wie wir uns anstrengen. Den Motiven kann man dabei nicht trauen. Gott will eine Veränderung des Herzens in uns.

Eines ist sicher: Wenn wir sündigen und die Folgen von Saat und Ernte erleiden, lernen wir wie Narren. Ich muss sagen, es ist besser, wie ein Dummkopf zu lernen, als überhaupt nicht zu lernen. Wenn meine Kinder auf Schwierigkeiten zusteuern – was schon öfter passiert ist – warne ich sie für gewöhnlich und weise sie darauf hin, wie sie das Problem abwenden können. Wenn sie klug sind, befolgen sie meinen Rat. Oder sie verhalten sich töricht und machen einfach so weiter. In Sprüche 27,12 steht: »... *die Einfältigen aber tappen hinein und müssen es büßen.*« Ich lasse es nicht zu, dass meine Kinder zugrunde gehen, darum folge ich dieser Regel in extrem ernsten Situationen nicht. Aber so weit es geht, lasse ich sie die falsche Entscheidung treffen, wenn sie nicht auf meinen Rat hören wollen. Wenn sie dann unter der Last ihrer Entscheidungen leiden, werden sie plötzlich sehr belehrbar. Ich könnte sie zwingen, das Richtige zu tun, aber dann würden sie nie erwachsen werden. Ich könnte das gewünschte Ergebnis auch durch eine äußere, erzwungene Verhaltensänderung erzielen, aber ich möchte lieber sehen, dass sie eine innere Veränderung erfahren.

Wenn wir vom Weg abirren, kann dies bei uns in ähnlicher Weise zu einer Lernerfahrung werden. Gott kann in jeder Situation in uns wirken, und Er wird es auch tun; aber *gebracht* hat er uns in diese Notlage nicht. Sein Wunsch für uns ist, dass wir uns durch die Gemeinschaft und das Zusammensein mit Ihm belehren und verändern lassen.

In Johannes 15,2 steht: »*Jede Rebe an mir, die keine Frucht bringt, nimmt er weg; jede aber, die Frucht bringt, reinigt er, damit sie mehr Frucht bringt.*« Ich habe einige »Horror-Botschaften« darüber gehört, wie Gott Seine große Schere hervorholt und an unserem Leben »herumschneidet«. Und was noch schlimmer ist, ich habe einige dieser Botschaften selbst gepredigt. In Vers 3 fährt Jesus fort: »*Ihr seid schon rein um des Wortes willen, das ich zu euch geredet habe.*« Das Wort »entschlacken« hat im Griechischen dieselbe Wurzel wie das Wort »rein«. Jesus hat seine Jünger nicht gereinigt, indem Er Not und Unglück über sie brachte; Er reinigte sie durch das Wort, das Er zu ihnen sprach. In gleicher Weise reinigt, läutert, züchtigt und macht er auch unsere Herzen durch Sein Wort offenbar.

Das Gleichnis vom Sämann in Markus 4 erklärt ganz klar, dass es das Ziel von Versuchung und Verfolgung ist, uns das Wort zu stehlen. Verfolgung an sich lässt uns nicht wachsen. Wenn wir aber das Wort anwenden, mit Gott wandeln und der Versuchung widerstehen, wird dies dazu führen, dass wir auch inmitten von Bedrängnis und Verfolgung wachsen.

Wenn meine Kinder meinen Rat verschmähen, verhalte ich mich ihnen gegenüber nicht abweisend deswegen. Sie tun mir einfach nur leid, weil ich weiß, dass ihre Taten schmerzhafte Folgen für sie haben werden. Würde ich sie zurückweisen, hätten sie keinen Ort mehr, wo sie hingehen könnten, wenn sie versagen. Wenn ich ihnen mit Liebe und Akzeptanz begegne und versuche, ihnen zu helfen, werden sie das Vertrauen und die Freiheit haben, wieder zu mir zu kommen, wenn sie erkennen, dass sie eine falsche Entscheidung getroffen haben.

Die Bibel sagt, dass wir in Zeiten der Not zum Thron der Gnade kommen sollen. Meine Zeit der Not ist gewöhnlich dann, wenn ich versagt habe oder wenn ich in Sünde gefallen bin. Wenn ich glaube, dass ich von Gott abgelehnt werde, fehlt mir das Vertrauen, um in notvollen Zeiten zu Ihm zu kommen. Und selbst wenn ich zu Ihm komme, werde ich mich doch nicht frei genug fühlen, um Seine Vergebung und Wiederherstellung annehmen zu können.

Gnade wirkt als göttlicher Einfluss in unseren Herzen und macht uns fähig, den Willen Gottes zu tun. Ich komme nicht zum Thron der Gnade, um eine Tracht Prügel zu bekommen. Ich komme zum Thron der Gnade und empfange dort Barmherzigkeit und HELFENDE Gnade.

In dieser Umgebung des Friedens, der Liebe und Akzeptanz wirkt Gott in meinem Herzen. In meinem Herzen verändert Er mich und macht mich fähig, die Dinge zu überwinden, die mich in Not gebracht haben. Hebräer 4,16 sagt, dass Gott mir in der Zeit der Not helfen will. Vielleicht ist es Zeit, dass wir unsere Sicht von Gott und die Meinung, die wir über ihn haben, nochmals überprüfen. Es ist Zeit, dass wir den Gott finden, den Jesus gezeigt und demonstriert hat. Vielleicht ist es an der Zeit, uns durch Seine Liebe, Barmherzigkeit und Gnade aus unseren Problemen heraushelfen zu lassen. Wir sollten keine Gelegenheit auslassen, dem Herrn zu erlauben, in unseren Herzen eine echte Veränderung von innen heraus zu bewirken.

*Kapitel 19*

# DAS HERZ DES VATERS

Das Gleichnis vom verlorenen Sohn war eines der ersten Gleichnisse, die ich nach meiner Errettung hörte. Obwohl mir vor allem viel wertvolle Wahrheit über den eigensinnigen Sohn nahegebracht wurde, bin ich inzwischen davon überzeugt, dass die Betonung dieses Gleichnisses auf der Vergebung durch den Vater liegt.

In Lukas 15 war Jesus von Zöllnern und Sündern umringt. Die Pharisäer konnten diese Menschen nicht erreichen. Ihre gesetzliche und gerichtsorientierte Botschaft übte keine Anziehungskraft auf diese Menschen aus, die in ihrem sündhaften Lebenswandel gefangen waren. Anstatt sich darüber zu freuen, dass endlich jemand diese Leute erreicht, kritisierten die religiösen Führer Jesus dafür: *»Dieser nimmt die Sünder an und isst mit ihnen!«* beklagten sie sich (Lk 15,2).

Jesus antwortete auf ihr Murren mit einer Serie von Gleichnissen. Das erste Gleichnis – das des verlorenen Schafes – zeigt den Wunsch des Vaters, diejenigen zu erreichen, die sich verirrt haben. Es zeigt die Anteilnahme des Vaters und schlussendlich seine Freude über die Reue des Sünders. *»Ich sage euch, so wird auch Freude sein im Himmel über einen Sünder, der Buße tut, mehr als über neunundneunzig Gerechte, die keine Buße brauchen!«* (Lk 15,7).

Im dritten Gleichnis (Lk 15,11–32), das vom verlorenen Sohn handelt, zeigt Jesus ein klares Bild vom Herz des vergebenden Vaters, von der Angst des Gescheiterten sowie von der Kritik des selbstgerechten, älteren Sohnes. Das Gleichnis beginnt damit, dass der jüngere Sohn sein Erbe nimmt und in die Welt hinauszieht. Man beachte, dass es sich hier um einen Sohn handelt und nicht um einen Fremden. Hier geht es um ein Kind Gottes, das eine Erbschaft hat. Dieser Sohn geht mit den guten Dingen Gottes total missbräuchlich um.

Während er draußen in der Welt ist, bricht eine Hungersnot aus, und er gerät dadurch selbst in Not. Diese Hungersnot wurde nicht vom Vater gesandt; Gott hat diese Situation nicht verursacht. Aus Johannes 10,10 ist ersichtlich, dass es DER DIEB ist, der kommt, um zu stehlen, zu töten und zu verderben. Nachdem er uns in die Welt gelockt und unser Vertrauen durch die Sünde zerstört hat, greift er an. Als Ankläger der Brüder überzeugt er uns davon, dass Gott uns nicht lieben und uns nicht vergeben kann. Er überzeugt uns davon, dass es falsch wäre, zum Vater zurückzulaufen, wenn wir in Schwierigkeiten sind. Tatsächlich kann er uns dazu bringen, uns total gegen Gott zu wenden, wenn er uns erst mal davon überzeugen konnte, dass es Gott ist, der uns hier straft.

So wie die meisten von uns reagieren würden, nachdem sie gefallen sind, kehrte auch dieser junge Mann nicht sofort zu seinem Vater zurück. Er schloss sich einem Bürger des Landes an. Er suchte Hilfe bei der Welt. Er hatte nicht das nötige Vertrauen, um zu seinem Vater zurückzukehren. Doch was er von diesem zu empfangen erwartete und was er bei seiner schlussendlichen Rückkehr tatsächlich erlebte, unterschied sich völlig voneinander.

Trotz seiner Herkunft musste er die Schweine füttern. Für einen Juden gab es nichts Verachtenswerteres als Schweine. Das ist das letztendliche Ziel des Teufels für dich: Schande, Demütigung und Verlust deiner Identität. Der verlorene Sohn war immer noch der Sohn eines wohlhabenden Mannes. Er hatte immer noch ein

Zuhause und eine Identität. Das Einzige, was ihm jedoch im Weg stand, war sein falsches Denken über den Vater.

In Lukas 15,17 (HFA) steht: »*Da kam er zur Besinnung.*« Dieser Mann musste damit anfangen, sich mit der Wahrheit auseinanderzusetzen. Bis zu diesem Zeitpunkt war sein Leben das Ergebnis seiner falschen Einstellung gegenüber seinem Vater. Er dachte, es könne für ihn unmöglich ein Zurück geben. Er dachte, sein Vater werde ihn abweisen. Er dachte eine Menge negativer Dinge, die nicht auf Tatsachen beruhten.

Die meisten unserer Entscheidungen sind nicht auf Tatsachen gegründet. Sie gründen sich stattdessen darauf, wie wir die Tatsachen wahrnehmen. Das ist auch der Grund, warum der Teufel so hart daran arbeitet, religiöse Verdrehungen zu etablieren. Wenn er den Irrtum fördern kann, gelingt es ihm, dich von der Freiheit fernzuhalten (siehe Joh 8,32). Der größte Irrtum, der die Kirche noch heute durchdringt, ist ein Überbleibsel aus dem Mittelalter, als die katholische Kirche Furcht und Gericht gebrauchte, um die Massen zu kontrollieren. Sie hielten die Menschen in Finsternis und Täuschung gefangen, indem sie die Wahrheit über Gott verdrehten.

Die Gerichtsbotschaft ist ein Erzeugnis jener Epoche. Solange die Kirche nicht frei von dieser Botschaft ist, kann sie nicht zum Vater zurückkehren. Da die meisten Menschen annehmen, Gott sei die Quelle ihrer Probleme, können sie nie zur Besinnung kommen wie auch dieser junge Mann im Gleichnis. Obwohl Verfolgung und Leiden Werke des Teufels sind, der es darauf abgesehen hat, uns das Wort zu stehlen, kommen glücklicherweise viele von uns dennoch zur Besinnung (siehe Mk 4, 14–17).

Was diesem jungen Mann half, war sein Wissen, wie gut es im Zuhause seines Vaters war. Leider haben viele Christen nie voll und ganz die Güte Gottes erkannt und erfahren. Ich habe schon viele Christen sagen hören: »Ich hatte es besser, bevor ich gerettet wurde. Wenigstens hatte ich da nicht all diese Versuchungen und Prüfungen.« Wenn du die Güte Gottes nicht kennst, kannst du nicht »zur Besinnung« kommen wie dieser Mann im Gleichnis. Du musst die Wahrheit kennen, bevor du dich an sie erinnern kannst. Solange deine Gedanken über Gott negativ sind, wirst du jedes Mal, wenn du versagst, vor Gott weglaufen.

Obwohl dieser junge Mann nicht die ganze Wahrheit verstand, erinnerte er sich dennoch daran, wie gut es im Hause seines Vaters war. *»Wie viele Tagelöhner meines Vaters haben Brot im Überfluss«*, überlegte er. In Lukas 15,17–19 legt er sich zurecht, was er seinem Vater sagen will. Welch ein Unterschied doch zwischen dem besteht, was er sich zu sagen vornimmt und dem, was sein Vater dann sagt. Zwischen seiner Erwartung und dem, was er tatsächlich erlebt, ist ein himmelweiter Unterschied!

Als er zu seinem Vater zurückkehrte, bekam er nicht eine Liste seiner Fehler zu hören. Sein Vater war ihm gegenüber voller Mitgefühl, nicht Verurteilung. Der Vater zögerte keinen Moment. Als der Sohn mit hängendem Kopf zurückkehrte, lief ihm der Vater entgegen. Bevor er auch nur ein Wort der Erklärung hervorbringen konnte, gab der Vater ihm einen Kuss, der seine Liebe und Annahme ausdrückte.

Der Sohn sagte: *»Ich habe gesündigt gegen den Himmel und vor dir, ich bin nicht mehr wert, dein Sohn zu heißen!«* (Lk 15,21). Der Vater sagte darauf: *»Bringt eilends das beste Feierkleid her!«* (Vers 22). Obwohl Reue absolut notwendig ist, müssen wir ohne den geringsten Zweifel wissen, dass der Vater uns mit einem Kuss begrüßen, uns wiederherstellen und Zugang zu Seinem Besten geben wird.

Indem der Vater den Sohn festlich einkleidete und ihm den Ring an den Finger steckte, ließ er den Sohn wieder in seine Stellung zurückkehren, die er innehatte, bevor er alles verschleuderte. Er nahm keine niedrigere Stellung ein. Obwohl die anderen Zeit brauchten, bis sie ihn wieder akzeptieren und anerkennen konnten, gab es für den Vater keine Wartefrist. Das Feiern des Festes und das beigesteuerte Kalb zeigen die Rückkehr zu der Versorgung des Vaters an. Wenn wir zum Herrn als unserem Hirten zurückkehren, verlassen wir den Bereich des Mangels (siehe Ps 23,1). Seine Versorgung kann an die Stelle des Gesetzes von Saat und Ernte treten.

Der ältere Sohn repräsentiert jene Menschen, die nie gefallen sind. Sie wissen nicht, was es bedeutet, von der Sünde gefangengenommen zu werden. Sie wissen nichts von der Schande und dem Herzschmerz, mit einer schlechten Vergangenheit leben zu müssen. Oftmals verachten sie sogar Gottes Güte gegenüber dem reuigen Sünder. Diejenigen, die nie gefallen sind, verlieren leicht aus den Augen, worauf das Evangelium eigentlich hinauswill. Jesus kam, um die Verlorenen zu suchen und sie zu retten. Das schließt sowohl den lau gewordenen Christen als auch den verstockten Sünder ein.

Wie der ältere Sohn, empfangen sie viele der Segnungen des Vaters überhaupt nicht. Obwohl alles, was der Vater hat, auch ihnen gehört, erleben sie es nicht. Sie denken, das Erbe sei das Ergebnis von Werken. Sie dienen Gott Tag und Nacht, aber ohne Freude. Die Vorstellung, Segnungen tatsächlich zu genießen, hat für sie den Anschein von Frivolität und Unerreichbarkeit. Aus diesem Grund wünschen sie, den reuigen Sünder leiden und in einem Zustand des Mangels leben zu sehen. Sie wollen ihn so leiden sehen, wie er es angesichts seiner Sünden zweifellos verdient hat. Sie haben nichts dagegen, dass ihm vergeben wurde; sie wollen nur nicht, dass sein Lebensglück oder seine Stellung wiederhergestellt wird.

Wenn du gefallen bist, kehre zum Vater zurück! Lass dich von Ihm mit einem Kuss begrüßen und wiederherstellen! Wenn du ein älterer Bruder bist, tritt in die Freude des Herrn ein! Wenn du Seine Güte erfährst, wirst du auch die Kraft und den Frieden kennenlernen, die in der Barmherzigkeit liegen. Lass es zu, dass Gott dich zu einem wahren Friedensstifter macht, der einer Welt, die glaubt, dass Er ein zorniger Gott ist, das Evangelium des Friedens verkündigt!

Kapitel 20

# ÄRGERLICHE PREDIGER

Schon von früh an haben ärgerliche Menschen Gott falsch interpretiert. Als Prediger müssen wir realisieren, dass unsere Meinungen und Gefühle nicht notwendigerweise von Gott geteilt werden. Ärgerliche, gerichtsorientierte Prediger sind meist der Ansicht, dass »starke Botschaften« die Menschen zum Gehorsam bringen. Aber die Bibel warnt: »*... darum, meine geliebten Brüder, sei jeder Mensch schnell zum Hören, langsam aber zum Reden, langsam zum Zorn; denn des Menschen Zorn wirkt nicht Gottes Gerechtigkeit!*« (Jak 1,19–20). Schon viele Prediger haben geglaubt, sie könnten Gott auf diese Weise hilfreich sein.

Harte Worte bewirken keine Reue. Tatsächlich schaffen sie neue Probleme. Die Bibel sagt: »*... ein verletzendes Wort aber reizt zum Zorn*« (Spr 15,1). »*Ein zorniger Mann erregt Hader*« (Spr 15,18). »*Nordwind erzeugt Regen und Verleumdung verdrießliche Gesichter*« (Spr 25,23). »*Ein zorniger Mann richtet Hader an und ein hitziger viel Sünde*« (Spr 29,22). Hartes Predigen erzeugt keine Reue; es erzeugt Rebellion. Das ist nicht einfach nur meine persönliche Meinung; das sagt die Bibel. Wenn wir die biblischen Prinzipien hinsichtlich der Kommunikation und Unterweisung ignorieren, schaffen wir damit Probleme. Ärgerliche Prediger sind wie Eltern, die vor ihren Kindern über andere herziehen und dann ihre Kinder bestrafen, weil diese sich schlecht verhalten. Wenn wir von der Kanzel aus kritisieren und richten, werden die, die uns zuhören, ebenfalls kritisieren und richten.

Wir können Gott nur auf eine Weise korrekt repräsentieren: indem wir in der Liebe wandeln. In 1. Johannes 4,12–13 steht, dass wir in Gott bleiben, wenn wir einander lieben. Für das Rednerpult gibt es keine Ausnahme von 1. Korinther 13. Wir müssen beim Predigen den gleichen Kommunikationsstandard einhalten, wie er uns im Alltag abverlangt wird.

Es ist enorm wichtig für uns, zu verstehen, wie mächtig der Einfluss ist, den ein Prediger auf andere Menschen hat. Die Art und Weise, wie wir uns anderen gegenüber verhalten, prägt deren Vorstellung davon, wie Gott sich ihnen gegenüber verhält. Somit geben wir ihnen auch vor, wie sie mit Sünde umgehen. Wenn wir uns ablehnend verhalten, nehmen sie an, dass auch Gott sie ablehnt. Wenn wir auf Wiederherstellung und Vergebung ausgerichtet sind, werden sie auch glauben können, dass Gott wiederherstellt und vergibt.

Vor einigen Jahren erhielt ich spätabends einen Anruf von einem Freund. Mit verzweifelter Stimme bat er mich, doch bitte sofort zu ihm nach Hause zu kommen. Als ich sein Haus betrat, fand ich ihn mit tränenüberströmtem Gesicht vor, überwältigt von Scham und Kummer. Wir waren gut befreundet und ich hatte ihm einst geholfen, seinen Platz im Dienst zu finden. Aber an jenem Abend waren nur noch Scham und Verzweiflung zu spüren.

Ich setzte mich und hörte ihm zu. Die Geschichte, die er mir anvertraute, handelte von Perversion und Sünde. In jener Nacht hatte sich alles zugespitzt. Er spürte, dass er zu weit gegangen war. Seine geheime Sünde hatte ihn schließlich an den Rand der Zerstörung geführt. Nachdem er mir seine Sünde aufrichtig bekannt hatte, fragte ich ihn, ob er sie auch Gott gegenüber bekannt und seine Vergebung angenommen habe. Ich gab ihm noch ein paar Worte der Ermutigung mit auf den Weg und stand auf, um zu gehen. Völlig erstaunt fragte er: »Willst du nicht etwas aus mir austreiben oder sonst irgendwas unternehmen?« Meine Antwort entsprang direkt meinem Herzen: »Du hast nicht gegen mich gesündigt, du hast gegen Gott gesündigt. Wenn das für Ihn erledigt ist, ist es auch für mich erledigt. Ich erkenne keine Notwendigkeit für eine Befreiung, aber wenn du dich versucht fühlst, dann ergreife einfach die Autorität darüber!«

Während ich nach Hause fuhr, fragte ich den Herrn: »Habe ich genug gesagt? Und habe ich das Richtige gesagt?« Der Herr antwortete mir: »Du hast dich ihm gegenüber barmherzig gezeigt und deshalb war er in der Lage, auch meine Barmherzigkeit anzunehmen. Weil du ihm gegenüber Liebe und Akzeptanz gezeigt hast, war sein Herz offen dafür, meine Liebe und Akzeptanz zu erfahren.«

Einige Jahre später, nachdem ich selbst durch ein paar persönliche Krisen gegangen war, traf ich diesen Freund auf einer Pastorenkonferenz. Ich ging hin, um mit ihm zu sprechen. Wir redeten kurz über die Probleme, die ich durchgemacht hatte. Seine Reaktion bestand nur aus Barmherzigkeit und Vergebung. Dann sagte er zu mir: »An jenem Abend, als du zu mir nach Hause kamst, hast du mein Leben gerettet.« Die Art und Weise, wie ich mit ihm umgegangen war, hatte ihm Vertrauen in die Barmherzigkeit Gottes gegeben.

Wie auch immer du dich einer Person gegenüber zeigst, entscheidet darüber, wie sie glaubt, vom Herrn empfangen zu werden. Sieh dich vor, dass du sie nicht durch Ärger oder Abscheu von der Barmherzigkeit und der Gnade wegtreibst, die sie gerade jetzt braucht. Prediger sind von den Sünden der Menschen oft geschockt. Zuweilen scheint es, als wäre jeder in Sünde verstrickt. Das kann uns manchmal so überwältigen, dass wir Verurteilung statt Frieden zu verkünden beginnen.

Denke immer daran: Zum Arzt kommt, wer krank ist. Der Arzt wendet sich nicht gegen seine Patienten, nur weil sie krank sind, vielmehr sieht er es als seine Aufgabe, sie wieder gesund zu machen. Ich fürchte, in dem Moment, wenn wir uns unbarmherzig zeigen, kommen die wahren Motive unseres Dienstes ans Licht kommen. Bin ich im Dienst, um zu dienen und verwundete Menschen zu heilen, oder benutze ich diese Leute nur, um meinen Dienst aufzubauen? Wir sind hier, um jedem zu helfen: den Verlorenen, den Orientierungslosen und genauso allen, die ein göttliches Leben führen.

Es wäre ein Leichtes, sich dem Pessimismus und der Furcht hinzugeben. Es wäre einfach, die Kur aus den Augen zu verlieren und sich auf die Krankheit zu konzentrieren. Aber ein Arzt kommt nie an den Punkt, seinen Patienten zerstören zu wollen; er wird immer bemüht sein, die Krankheit zu zerstören. So dürfen auch wir die Menschen, die in der Sünde sind, nicht einfach zerstören. Denn genau das tut der Zorn des Menschen.

Zeit mit Gott zu verbringen ist der einzige Weg, wie Menschen verändert werden. Wenn wir sie mit einer Gerichtsbotschaft von Gott wegtreiben, treiben wir sie zugleich von der einzigen möglichen Hilfe weg. 1. Johannes 1,7: »*wenn wir aber im Licht wandeln, wie Er im Licht ist, so haben wir Gemeinschaft miteinander, und das Blut Jesu Christi, Seines Sohnes, reinigt uns von aller Sünde.*« Sie brauchen die Gemeinschaft mit Jesus, um von der Macht der Sünde, die in ihnen wirkt, gereinigt zu werden.

Sogar Mose hatte ein Wutproblem. In 4. Mose 20,7–13 lesen wir, was Gott zu Mose darüber sagte, wie dieser Ihn vor seinem Volk darstellen sollte. Anstatt im Glauben zum Felsen zu sprechen, damit Wasser hervorquellen würde, schlug er den Felsen. Er handelte im Ärger, Gott jedoch war nicht verärgert. Wegen dieser Sünde wurde es Mose nicht gestattet, das verheißene Land zu betreten.

Psalm 106,32–33 gewährt uns näheren Einblick: *»Und sie erzürnten ihn am Haderwasser, und es erging Mose schlecht um ihretwillen. Denn sie erbitterten sein Gemüt, sodass er unbedacht redete mit seinen Lippen.«* Weil Mose ärgerlich wurde, ließ er seinen Mund außer Kontrolle geraten. Er reagierte mit Zorn anstatt mit Barmherzigkeit.

Zorn sagt immer: Gott wird dich dafür töten. Barmherzigkeit hingegen sagt immer: Gott wird dich davon befreien. Zorn ist die Folge von Frustration und Unglauben. In Sprüche 19,11 heißt es: *»Klugheit macht einen Menschen geduldig.«* Und in Sprüche 14,29 steht: *»Der Langmütige hat viel Verstand.«* Der Unglaube sieht bzw. glaubt nicht, dass Gott fähig ist, in einer bestimmten Situation zu wirken. Verständigkeit lässt in der Ruhe bleiben, weil den Verheißungen Gottes vertraut wird.

Mose lernte, dass Ärger Unverstand und Torheit fördert. *»Ein Ungeduldiger macht Dummheiten ...«* (Spr 14,17). *»... der Jähzornige aber begeht große Torheiten«* (Spr 14,29). Zorn lässt uns die Wahrheit verdrehen. Eine der Hauptursachen von Ärger bei Dienern Gottes ist Unversöhnlichkeit. Wir vergeben denen, die uns Schmerzen bereitet haben, nicht und wollen auch nicht wirklich, dass Gott ihnen vergibt, bevor sie nicht genügend gelitten haben. Sündern mit Zorn zu begegnen, ist zudem eine grobe Form der Selbstgerechtigkeit. Wir sehen den Balken im eigenen Auge nicht, weil wir uns auf den Splitter in Auge des anderen konzentrieren. Wir vergessen die eigenen Fehler, weil wir uns auf die der anderen konzentrieren.

Das erneute Schlagen des Felsens hatte auch eine symbolische Bedeutung. Es stellte Christus fälschlicherweise so dar, wie wäre Er nochmals gekreuzigt worden. Mose hatte den Felsen bereits einmal geschlagen (siehe 2Mo 17,6). Jener Schlag bewirkte, dass das Volk Wasser bekam, obwohl es das eigentlich nicht verdient hatte.

Diesmal zeigte Mose seinen Ärger ganz offen und schlug den Felsen ein weiteres Mal. Wenn man Gottes Gericht über solche ausspricht, für die Christus das Gericht stellvertretend bereits empfangen hat, ist auch dies wie eine Wiederholung der Kreuzigung Jesu.

Kurz nachdem ich die Bibelschule beendet hatte, gab es eine Flut von Gerichtsprophetien und es kamen auch entsprechende Bücher heraus. Als ich diese Bücher las, begann ich denselben destruktiven Geist anzunehmen. Ich wurde zornig auf die Leute, die ich einst geliebt hatte. Vorher hatte ich ihr Potenzial gesehen. Jetzt sah ich ihre Fehler. Vorher hatte ich daran geglaubt, dass Gott sie verändern würde. Jetzt wollte ich, dass Gott ihnen das gab, was sie verdienten. Diese Bücher und Prophetien boten keine Hoffnung. Ihnen zufolge war es bereits zu spät für Amerika und zu spät für die Kirche. Ich werde die negativen Veränderungen nie vergessen, die in mein Leben kamen, weil ich mir diese Prophetien angehört und diese Bücher gelesen hatte.

Negative Prophetien sind selbsterfüllend. Sie fördern die Furcht und den Unglauben, die es braucht, damit sie sich bewahrheiten. In Sprüche 11,11 steht: *»Durch den Segen der Redlichen kommt eine Stadt empor; aber durch den Mund der Gottlosen wird sie heruntergerissen.«* Wir segnen andere, wenn wir gute Dinge aussprechen. Wir bringen Fluch über andere, wenn wir Negatives aussprechen. Jesus verfluchte den Feigenbaum und der starb. Wir verfluchen unsere Nation, unsere Kirche, unsere Versammlung, indem wir Negatives aussprechen. Wenn es dann zustande kommt, geschieht es nicht durch Gott, sondern durch die Furcht und den Unglauben, die durch diese negativen Worte erzeugt wurden.

Kirchenmitglieder sind oft wie Kinder. Eltern, die Kinder mit emotionalen Störungen haben, sind meistens selbst nörglerisch oder kritisch. Prediger, die durch ihre Predigten aufbauen sollten, reißen stattdessen mit ihren destruktiven Worten die Leute runter. Das Aufspüren von Fehlern macht niemanden effektiver, es verstärkt nur die Selbstbeobachtung. Die meisten Menschen machen mehr Fehler, wenn ein Nörgler oder Besserwisser anwesend ist.

Ich habe schon oft den Ausspruch gehört:»Ich bin ein Prophet; darum habe ich ein starkes Wort.« Es ist in Ordnung, ein starkes Wort weiterzugeben, solange es für die Menschen aufbauend ist. Die Richtschnur für neutestamentliche Prophetie ist Erbauung, Ermahnung und Trost (1Kor 14,3). Lassen wir die Untergangs-Prediger von der Bibel beurteilen! Bauen ihre Prophetien auf oder reißen sie herunter? Lassen sie Glauben oder Furcht aufkommen? Trösten oder quälen sie?

Hesekiel 13 warnt vor Prophetien, die aus dem eigenen Herzen kommen. In Vers 3 steht:»*Wehe den törichten Propheten, die ihrem eigenen Geist folgen und dem, was sie nicht gesehen haben!*« Die Richtlinien des Neuen Testaments sollten als Standard für alle Prophetien gelten. Lassen wir diese Schwarzmaler-Propheten ihre Motive selbst beurteilen.

In 1. Timotheus 1,5 steht:»*und doch ist der Endzweck des Gebotes Liebe aus reinem Herzen und gutem Gewissen und ungeheucheltem Glauben.*« Wir sollten das biblische Prinzip der Unterweisung verstehen. Ich will, dass mein Lehren, Predigen und Prophezeien eine Person in einen Zustand versetzt, der es ihr erlaubt, in Liebe zu wandeln, die aus einem reinen Herzen kommt. Ich will, dass sie ein Gewissen hat, das frei ist von der Verunreinigung durch Sünde und Schuld. Ich will auch, dass sie einen reinen Glauben hat. Das geschieht nicht, indem Furcht und Ablehnung gefördert werden. Erinnere dich: Jeder Same produziert eine Ernte nach seiner eigenen Art.

Was ich von der Kanzel aus säe, ist das, was ich und auch die Menschen sowohl in der Kirche als auch im eigenen Leben ernten werden. Wenn ich ärgerlich bin, werde ich Ärger erzeugen. Der Ärger, den ich verursache, wird sich gegen mich wenden. Wenn ich kritisiere, erzeuge ich damit eine kritische Haltung gegenüber mir und der Kirche. Wenn ich Menschen mit Fehlern zurückweise, werden diese Menschen mich ebenfalls ablehnen, wenn sie meine Fehler sehen.

Ich muss Heilung für meine eigenen Verletzungen empfangen, damit ich die Menschen in meinem Umfeld heilen kann, wenn sie verletzt sind. Ich muss derjenige sein, zu dem die Menschen kommen können, damit sie Gottes Barmherzigkeit und Güte erfahren.

*Kapitel 21*

# DER IRRTUM DES BILEAM

Durch die ganze Kirchengeschichte hindurch hat es Menschen gegeben, die ihre eigenen Pläne mit dem Volk Gottes verfolgten. Darunter auch jene, die Menschen gerne zum persönlichen Vorteil ausnutzen. Andererseits gibt es aber auch solche, die sich einfach nur wünschen, die Kirche gegründet zu sehen, aber infolge von Unwissenheit oder Unglaube vertrauen sie Gottes Methoden nicht.

Glaube ich, dass Gott Menschen durch Seinen Geist verändern kann, wenn sie die Wahrheit hören? Oder meine ich, zu fleischlichen Mitteln wie Furcht und Manipulation greifen zu müssen, um Gottes Willen auszuführen? Ganz egal, wie ich meine Taten rechtfertige, wenn ich von der biblischen Wahrheit abweiche, um jemandem zu »helfen«, bin ich in der Sünde.

Als ich Jesus empfing, verfluchte und kritisierte der Mann, der mir verschiedene Bibelstellen nahebrachte, dabei die Person, die ihm gegenüber Jesus bezeugt hatte. Die Verse, die er zitierte, waren von profanem Reden begleitet, das aus dem Mund eines verirrten Menschen kam. Dennoch bekam ich dadurch das Wort Gottes zu hören und der Heilige Geist hatte auf diese Weise etwas, womit Er in mir arbeiten konnte. Der Heilige Geist wirkt mithilfe von Gottes Wort und bestätigt es zugleich.

Ich bin absolut überzeugt, dass Gott mit der Wahrheit arbeiten kann. Wir müssen nicht auf unsere schwachen, törichten Ansätze zurückgreifen, um die Menschen zur Umkehr zu bringen. Wie es scheint, ist die Angst vor Verurteilung die beliebteste Methode, um Menschen zur Umkehr zu bewegen. Wir denken, wir könnten Leute durch Angst zu Gott zurückscheuchen. Furcht kann zwar jemandes Handeln verändern, aber nur die Liebe wird das Herz positiv verändern.

Die Bibel warnt uns sowohl vor dem *Irrtum* als auch dem *Weg* des Bileam. Diese unterscheiden sich voneinander. Beides waren Sünden, begangen von derselben Person, dennoch ging es um zwei verschiedene Dinge. Wir sollten diese beiden Sünden kennen und sie vermeiden. »*Wehe ihnen, denn sie sind den Weg Kains gegangen und haben sich durch den betrüglichen Lohn Bileams verlocken lassen und sind durch die Widersetzlichkeit Koras ins Verderben geraten!*« (Jud 11). Lenski sagt, dass diese Warnung eine Steigerung enthält: »Den schlechten Weg zu wählen (den Weg des Kain) heißt, sich dem Irrtum hinzugeben, indem man Gottes Wort widerspricht.« Der Grund, warum sie bereit waren, vom Wort Gottes abzuweichen, bestand in dem, was sie dadurch zu gewinnen hatten. Lass uns dies untersuchen, damit wir verstehen, wie und warum Bileam dem Wort Gottes widersprach.

Der zweite Petrusbrief spricht von der Vorgehensweise des Bileam. Der Weg des Bileam war es, um des Gewinns willen Unrecht zu tun. Dies ist eine Sünde, die einfach nachzuweisen ist. Wir brauchen nicht lange, um jemanden, der den Dienst für unlauteren Profit missbraucht, zu identifizieren und uns um ihn zu kümmern. Doch in unseren Reihen gibt es eine noch viel fatalere Verirrung. Sie bringt mehr Zerstörung und Schmerz als die soeben erwähnte, wird aber als akzeptabel angesehen. Es handelt sich dabei um die übliche Vorgehensweise, mit der die meisten Christen arbeiten.

Während Petrus über den Weg des Bileam sprach, sprach Judas über den Irrtum des Bileam und bringt ihn mit Kain und Kora in Verbindung. Der Irrtum des Bileam bestand darin, dass er dachte, Gott würde verfluchen, was Er zuvor gesegnet hat. Seine Überlegung war, dass das, was er als Prophet aussprach, sich bewahrheiten musste. Er versuchte, Gottes Volk mit Flüchen zu belegen. Er war von Habgier motiviert, und seine Gier brachte ihn dazu, seinen Irrtum zu rechtfertigen.

Für uns ist es noch einfacher, unsere Taten zu rechtfertigen, wenn wir in den Irrtum Bileams verfallen. Denn im Gegensatz zu Bileam tun wir es nicht aus Habgier. Vielmehr wollen wir wirklich, dass unsere Freunde, unsere Familie und unsere Gemeindeglieder Buße tun. Wir haben ein gutes Motiv, weshalb wir denken, der Zweck heilige die Mittel. Aber ungeachtet unserer Motive sind wir dennoch in der Sünde, wenn wir versuchen, Fluch über diejenigen auszusprechen, die Gott gesegnet hat. Es ist sogar auch dann Sünde, wenn wir denken, dass diese Methode sie zur Umkehr bewegen wird.

Uns zu rechtfertigen ist sogar noch einfacher, wenn wir miterleben können, wie die Menschen ihr Verhalten aufgrund der Einschüchterung durch die Gerichtsbotschaft ändern. Diese Art von Veränderung hält jedoch nie lange an. Im Christentum scheinen die Menschen einen wiederkehrenden Kreislauf zu durchleben. Zuerst machen sie ihre Sache ziemlich gut, dann werden sie müde, anschließend beginnen sie Kompromisse einzugehen, sie geraten in Sünde, schließlich fühlen sie sich elend, und dann beginnt der Kreislauf wieder von vorn. Weil es nie zu einer ernsthaften Beziehung zwischen ihnen und Gott kommt, ist ihre Veränderung immer nur von kurzer Dauer. Die Furcht, die zwar Reue herbeigeführt hat (als Nachgedanke wegen der Folgen), bewirkt keine wirkliche Umkehr (Sinnesänderung).

Der Teufel entmutigt uns. Er will Gottes Volk immer verflucht sehen. Leider findet er stets eine willige Seele, die das auf seinen Befehl hin tut. Es ist nie besonders schwierig, einen zornigen, gerichtsorientierten Christen zu finden, der bereit ist, »im Namen

Gottes« zu sprechen. Im vierten Buch Mose 22,12 sprach Gott zu Bileam: »*Geh nicht mit ihnen, verfluche das Volk auch nicht; denn es ist gesegnet!*« Wie viel mehr ist das Volk Gottes unter dem neuen Bund gesegnet!

Wir wurden vom Fluch befreit, und niemand kann durch den Heiligen Geist einen Fluch über Gottes Volk aussprechen. In 1. Korinther 12,3 lesen wir: »*Darum lasse ich euch wissen, dass niemand, der im Geist Gottes redet, Jesus verflucht nennt; es kann aber auch niemand Jesus Herrn nennen als nur im Heiligen Geist.*« Wir sind der Leib Christi. Wir sind Gebein von Seinem Gebein und Fleisch von Seinem Fleisch. Der Ausspruch eines Gerichtsurteils über das Volk Gottes ist gleichbedeutend mit dem Ausspruch eines Gerichtsurteils über Jesus. Vergiss nicht, als Paulus die Kirche verfolgte, erschien ihm Jesus und sprach zu ihm: »*Saul, Saul, was verfolgst du mich?*« (Apg 9,4). Die Kirche zu verfolgen bedeutet, Jesus zu verfolgen. Gericht über die Kirche auszusprechen bedeutet, Gericht über Jesus auszusprechen.

In Christus sind wir von der Verdammnis befreit worden. »*So gibt es nun keine Verdammnis mehr für die, welche in Christus Jesus sind. Denn das Gesetz des Geistes des Lebens in Christus Jesus hat mich frei gemacht von dem Gesetz der Sünde und des Todes*« (Röm 8,1–2). Verdammnis ist die Erwartung eines Gerichtsurteils. Weil wir vom Fleisch frei sind, also von der Gerechtigkeit durch die Werke des Fleisches, müssen wir nicht in Angst davor leben, dass wir den Anforderungen nicht genügen. Wir sollten nicht in einer quälenden Erwartung des Gerichts leben.

Weil wir versöhnt und gerecht gemacht worden sind – unsere Natur wurde ausgetauscht! –, sind wir vom Zorn befreit. »*Wie viel mehr werden wir nun, nachdem wir durch sein Blut gerechtfertigt worden sind, durch Ihn vor dem Zorngericht errettet werden!*« (Röm 5,9).

Weil Gericht in totalem Gegensatz zum Werk des Kreuzes steht, reden diejenigen, die Gericht androhen, im Widerspruch zum Kreuz. Ihr Motiv mag rein sein, aber ihr Glaube entspricht dem Irrtum des Bileam. Wir sollten von unseren Versuchen, die Menschen in das richtige Verhalten hinein zu manipulieren, ablassen. Ohne Rücksicht auf unsere Motive, ohne Rücksicht auf unsere Logik, ohne Rücksicht auf unsere theologischen Vorlieben, müssen wir zur Wahrheit zurückkehren. »*Oder verachtest du den Reichtum seiner Güte, Geduld und Langmut, ohne zu erkennen, dass dich Gottes Güte zur Buße leitet?*« (Röm 2,4).

Ironischerweise habe ich festgestellt, dass diejenigen, die an Gnade und Frieden glauben, genauso intolerant werden wie alle anderen – wir dürfen Menschen, die eine Gerichtsbotschaft predigen, nicht attackieren, nicht verdammen und nicht richten. Trotzdem dürfen wir ihre Worte nicht einen Moment lang gelten lassen. Wie aus Jesaja 54,17 bereits zitiert: »*Alle Zungen, die sich gegen dich vor Gericht erheben, sollst du schuldig sprechen.*« Wir können die Gerichtsbotschaft nicht als gültig und schriftgemäß anerkennen. Wir dürfen sie nie als Gottes Haltung dem Menschen gegenüber sehen. Er hat durch den Herrn Jesus Frieden ausgerufen und zum Ausdruck gebracht, dass Er am Menschen Wohlgefallen hat.

*Kapitel 22*

# DAS GERICHT GOTTES

Eine Glaubensgrundlage der neutestamentlichen Kirche ist die Lehre vom ewigen Gericht. Wenn wir die Wahrheit, die das Gericht betrifft, nicht kennen, laufen wir Gefahr, dass uns verschiedene Denkfehler unterlaufen. Aber täusche dich nicht, es wird einen Tag des Gerichts geben. Und dieses Gericht wird viel schlimmer sein als alles, was durch die Gerichtspropheten ausgesprochen worden ist. Es wird heftig und ewig sein.

Das Buch der Offenbarung beschreibt in lebhaften Details die Zeit, in welcher der Zorn Gottes auf die Erde ausgegossen wird. Wir, die Kirche, werden auch dann vor Seinem Zorn verschont bleiben. Johannes schrieb: *»Ich war im Geist am Tage des Herrn ...«* (Offb 1,10). Der »Tag des Herrn« bezieht sich auf den großen und schrecklichen Tag (gemeint ist eine Zeitspanne), wenn Gottes Gericht auf die Erde kommen wird. Alle Ereignisse im Buch der Offenbarung finden zu dieser Zeit statt.

Es ist jedoch bemerkenswert, dass nicht einmal dieses heftige Gericht die Menschen zur Umkehr bringt: *»Und sie taten nicht Buße, weder von ihren Mordtaten noch von ihren Zaubereien noch von ihrer Unzucht noch von ihren Diebereien«* (Offb 9,21). Gericht, ungeachtet wie schwer es ist, bringt die Menschen nicht zur Umkehr.

Die unerlösten Menschen werden vor dem Großen Weißen Thron vor Gott zum Gericht erscheinen. Diejenigen, die Jesus nicht als ihre Gerechtigkeit angenommen haben, werden vor Gott stehen, um nach ihren Werken gerichtet zu werden (siehe Offb 20,12). Sie werden nach ihren Werken gerichtet werden, denn dies ist die einzige Gerechtigkeit, die sie haben. Sie haben das freie Geschenk der Gerechtigkeit in Jesus abgelehnt. Aber leider »*kann aus Gesetzeswerken kein Fleisch vor ihm gerechtfertigt werden; denn durch das Gesetz kommt Erkenntnis der Sünde*« (Röm 3,20). Vor Gott zu stehen und die Gerechtigkeit von Jesus abgelehnt zu haben, wird immer ewige Hölle bedeuten.

Die Bibel sagt, dass Gott in Gerechtigkeit richten wird. Es ist gerecht, eine Welt zu richten, die das unentgeltliche Geschenk der Gerechtigkeit abgelehnt hat. Jesus hat die Sünde, den Fluch, die Hölle und die Qualen für die ganze Welt erlitten. Niemand braucht in der Hölle zu leiden. Wenn der Mensch eine solch großartige und barmherzige Errettung ablehnt, ist das Gott gegenüber die absolute Missachtung und offener Widerstand. Die Gerechtigkeit erfordert die Verurteilung solcher Menschen. Diese Menschen werden durch das Gericht nicht zur Errettung gelangen; diese Gelegenheit haben sie bereits gehabt. Sie werden nach ihren Werken gerichtet werden, auf die sie vertraut haben.

In der absoluten Gewissheit dieses zukünftigen Gerichts sollten wir verkünden, dass Gottes Barmherzigkeit jetzt jedem zugänglich ist. Auf ein zukünftiges Gericht hinzuweisen ist nicht schlimm, wenn du den Menschen gleichzeitig die gute Nachricht gibst. Die gute Nachricht lautet: Du musst nicht gerichtet werden. Du musst nicht in die Hölle gehen. Jesus hat den Preis dafür bezahlt. Du kannst das unentgeltliche Geschenk der Gerechtigkeit haben.

Der Gläubige wird nie in das Gericht des Weißen Thrones kommen. Der Gläubige wird vor dem Richterstuhl Jesu Christi stehen: »*Denn wir alle müssen vor dem Richterstuhl des Christus offenbar werden, damit jeder das empfängt, was er durch den Leib gewirkt hat, es sei gut oder böse*« (2Kor 5,10).

Bedeutet das, wie einige behaupten, dass jede unserer vergangenen Sünden bloßgelegt wird, wenn wir vor Jesus stehen werden? Ich denke nicht. Die meisten Schriftstellen, die dazu verwendet werden, diese Sicht zu stützen, wurden völlig aus dem Zusammenhang gerissen.

Ich bin mir nicht sicher, wie es genau ablaufen wird. Doch unsere Werke werden alle durch das Feuer gehen, bevor sie vor dem Herrn erscheinen. *»So wird eines jeden Werk offenbar werden; der Tag wird es klar machen, weil es durchs Feuer offenbar wird. Und welcher Art eines jeden Werk ist, wird das Feuer erproben«* (1Kor 3,13). Das Feuer wird unsere Werke prüfen, um festzustellen, ob sie Holz, Heu, Stroh oder kostbare Metalle sind.

Werke, die auf der Grundlage der Glaubensgerechtigkeit zustande kommen, sind gute Werke. Wir sind in Christus Jesus zu guten Werken berufen. Wir haben eine Aufgabe in diesem Leben. Wir sollten Frucht bringen. Tote Werke andererseits sind jene Dinge, die wir tun, um uns selbst gerecht und annehmbar vor Gott zu machen. Diese toten Werke werden verbrannt werden. Sie sind ein Zeugnis unseres Unglaubens an das vollendete Werk Jesu. Doch selbst wenn alle unsere Werke verbrannt würden, dann würden wir dennoch gerettet. *»Wird aber jemandes Werk verbrennen, so wird er Schaden leiden, er selbst aber wird gerettet werden, doch so, wie durchs Feuer hindurch«* (1Kor 3,15).

Was ist der wahre Grund, warum wir vor dem Herrn stehen werden? Wir werden dort stehen, um unseren Lohn zu erhalten. 1. Korinther 3,14 sagt: *»Wird jemandes Werk, das er darauf gebaut hat, bleiben, so wird er Lohn empfangen.«* Es wird wunderbare Belohnungen geben für das, was wir in diesem Leben als Antwort auf Gottes Güte getan haben. Es gibt vieles an dieser Zeit der Belohnung, das ich nicht verstehe. Ich wage es nicht einmal, darüber zu spekulieren, aber ich weiß, dass es herrlich sein wird.

Obwohl die Menschen über das ewige Gericht des Großen Weißen Thrones Bescheid wissen sollten, sollten sie auch den Richterstuhl Christi kennen, wo unsere Werke beurteilt und wir unsere Belohnung empfangen werden. Da es diese Gerichte gibt, sollten wir unsere eigenen Motive beurteilen. Lasst uns in der Liebe Gottes leben, wandeln und dienen, damit wir unsere Belohnung empfangen. Lasst uns auf eine Art und Weise dienen, die Jesus und nicht den Menschen verherrlicht.

Weil es einen Tag des Gerichts gibt, lasst uns überall predigen, lehren und die Menschen warnen, von ihrer Bosheit umzukehren. Aber lasst es uns in Liebe und Güte tun, weil das die Menschen zur Umkehr bringt.

Lasst uns die Verirrten und die lau Gewordenen nicht verachten, sondern sie mit Barmherzigkeit und Freundlichkeit zu Gott zurückbringen. Lasst uns dieselbe Wertschätzung für die Menschheit haben, wie Gott sie hatte, als Er Seinen Sohn opferte, um die Welt mit sich selbst zu versöhnen. Lasst sie schmecken und sehen, dass der Herr gut ist, indem sie Gott durch uns erfahren (schmecken). Wenn Gott mit der Welt durch Jesus im Frieden ist, dann sollten auch wir, Seine Botschafter, im Frieden sein.

Lasst uns darauf achten, weder Furcht zu erzeugen noch in Furcht zu leben. Furcht kommt nicht von Gott. Furcht verleitet die Leute dazu, von einem liebenden Vater weg und in das ewige Verderben hinein zu rennen. In Offenbarung 21,8 steht: »*Den Feiglingen aber und Ungläubigen und Gräulichen und Mördern und Unzüchtigen und Zauberern und Götzendienern und allen Lügnern wird ihr Teil sein in dem See, der von Feuer und Schwefel brennt; das ist der zweite Tod.*« Von allen Sünden, die einen Menschen versklaven, stehen Furcht und Unglauben ganz oben auf der Liste.

Furcht hält dich davon ab, an den Gott zu glauben und ihm zu vertrauen, der dich liebt und dir das Geschenk der Gerechtigkeit in Jesus gibt. Wir sollten die Realität des Gerichts verstehen, das Jesus an unserer Stelle empfing, als Er ans Kreuz ging. Wir sollen darauf vertrauen, dass wir in diesem Leben kein Gericht fürchten müssen.

*Kapitel 23*

# DAS BEDÜRFNIS NACH FRIEDEN

In den ersten Jahren meines Dienstes legte ich großen Wert darauf, auf die körperlichen Bedürfnisse der Menschen einzugehen. Ich hatte schon immer großes Mitgefühl mit Menschen, die Schmerzen erleiden. Weil ich selbst schon mit Krankheit zu kämpfen hatte, verstand ich, wie es ist, wenn Menschen körperlich leiden. Vom Mitgefühl bewegt, sah ich viele großartige Wunder geschehen. Während ich die Welt durchreiste, sah ich jedes Wunder, das schon im Neuen Testament vorkommt. Viele davon habe ich hunderte Male gesehen.

Obwohl ich immer noch großen Wert darauf lege, dass Menschen mit körperlichen Nöten geholfen wird, bin ich zu dem Schluss gekommen, dass es noch viel dringlicher ist, sich um ihre emotionalen und geistlichen Bedürfnisse zu kümmern. Tatsächlich ist es ziemlich einfach, sich um die körperlichen Nöte zu kümmern, wenn zuvor auf die emotionalen Bedürfnissen eingegangen wurde. Aber die emotionalen Bedürfnisse eines Menschen können nur befriedigt werden, indem er die Liebe Gottes durch den Herrn Jesus Christus persönlich erfährt.

Die Menschen müssen Gottes Liebe und Seinen Frieden spüren. Wir alle müssen mit den positiven Empfindungen gesättigt werden, die durch eine erfüllende Beziehung zu Gott kommen. Wir können Krankheit, Armut und Schmerz ertragen, aber Armut am inneren Menschen können wir nicht ertragen. In Sprüche 18,14 (NLB) steht es so: »*Der menschliche Geist kann mit einem kranken Körper leben, aber wer kann weiterleben, wenn der Geist entmutigt ist?*«

Körperliche Heilung ist für eine Person, die ein gebrochenes Herz hat, bedeutungslos. Wohlstand lindert den Schmerz der Einsamkeit nicht. Erfolg ist kein Ersatz für ein Gefühl von Würde und Wert, das vom Herrn Jesus kommt. Wir wollen Gottes Wunsch und Bereitschaft, den körperlichen Nöten der Menschen zu begegnen, nicht leugnen, aber wir müssen das Ganze in die richtige Perspektive bringen.

Gott schuf den Menschen. Er setzte ihn in einen Garten, der Paradies genannt wurde. Dort gab es weder Schmerzen oder Leiden noch Kummer. Der Mensch lebte in einer friedlichen, liebevollen Beziehung mit Gott. Das ist das Milieu, für das wir geschaffen sind. Wir waren nie dazu bestimmt, abseits von Frieden, Liebe und Akzeptanz zu leben.

An dem Tag, als Adam von der verbotenen Frucht aß, erwarb er eine neue Fähigkeit, die der Menschheit bis heute erhalten geblieben ist: Gut und Böse zu erkennen. Mit dieser Erkenntnis fing der Mensch nun an, unabhängig von Gott zwischen Gut und Böse zu unterscheiden. Der Mensch begann losgelöst von Gott zu bestimmen, was Gerechtigkeit ist. Infolgedessen verwarf er Gottes Maßstäbe und entwickelte seinen eigenen. Das war die Geburt der Religion.

Religion ist schon immer niederträchtig gewesen und ist es auch heute noch. Bereits mit der ersten Religion wurde dieses Muster festgelegt: Der Mensch versucht, zu seinen eigenen Bedingungen mit Gott in Beziehung zu treten. Um das zu tun, muss er natürlich Gottes Bedingungen verwerfen. Und er muss auch jeden anderen ablehnen, der nicht seinen Vorstellungen entspricht.

Die erste Religion veranlasste Kain, Abel zu ermorden. Er hasste ihn, weil Abels Opfer akzeptiert wurde, seines jedoch nicht. Er hatte sich seines Opfers wegen abgemüht. Seiner Logik nach hätte seines wertvoller sein müssen, aber Kain bediente sich seiner eigenen Erkenntnis darüber, was gerecht und was ungerecht war. *»Nicht wie Kain, der aus dem Bösen war und seinen Bruder erschlug! Und warum erschlug er ihn? Weil seine Werke böse waren, die seines Bruders aber gerecht«* (1Joh 3,12).

Ein paar tausend Jahre später schrieb Paulus im Galaterbrief, dass die Kinder des Fleisches immer die Kinder des Geistes verfolgen. Mit anderen Worten, die Religiösen verfolgen immer die Gerechten. Warum? Die Religiösen verachten die Gerechtigkeit, die Gott gewählt und gegeben hat.

Religion folgt einer bestimmten Logik: Der Mensch versucht auf eine Weise, die ihm sinnvoll erscheint, mit Gott ins Reine zu kommen und Frieden zu finden. Religion sieht es als größtes Bedürfnis des Menschen, Recht zu haben. Denn nach der religiösen Logik ist derjenige, der im Recht ist, auch vor Gott gerecht. Wenn jemand in einer Frage nicht mit uns übereinstimmt, unterstellt derjenige uns damit also, falsch zu liegen.

Weil es uns aber wichtig ist, recht zu haben, müssen wir beweisen, dass die andere Person unrecht hat. Wenn wir ihr das nicht nachweisen können, würden wir sie am liebsten töten. Genau das hat Kain getan. Das Bedürfnis, recht zu haben, hat den Menschen von dem Tag an gequält, als Adam von der Frucht aß. Adam fing sofort damit an, unabhängig von Gott Entscheidungen zu treffen. »Wir machen uns besser Kleider, um uns zu bedecken, denn ich denke, es ist nicht richtig, vor Gott nackt zu sein. Es ist besser, wir verstecken uns, wenn Gott uns ruft. Er ist wahrscheinlich wütend auf uns.« Der Mensch begann, danach zu streben, gerecht zu sein. Aber jede Entscheidung, außerhalb von Gottes Perspektive gerecht zu sein, führte ihn tiefer in Schmerzen, Leiden und die selbstauferlegte Trennung von Gott hinein.

Ungeachtet dessen, wie rein unsere Motive sind, wie aufrichtig unsere Absicht ist, wie sehr wir uns Gott hingeben oder wie anständig wir leben – wir verwerfen Gott und Seine Wahrheit, sobald wir versuchen, unabhängig von Gott festzulegen, was richtig und was falsch ist. *»Denn weil sie die Gerechtigkeit Gottes nicht erkennen und ihre eigene Gerechtigkeit aufzurichten trachten, sind sie der Gerechtigkeit Gottes nicht unterworfen«* (Röm 10,3).

Jeder Versuch, vor Gott gerecht zu sein, ohne Seine Bedingungen zu akzeptieren, wird sich schlussendlich negativ auswirken. Solange wir alles richtig machen, werden wir Frieden haben, aber sobald wir versagen, verlieren wir diesen Frieden. Da wird nie ein dauerhaftes Gefühl des Vertrauens und des Friedens sein. Die Bibel sagt, dass das Gesetz niemanden gerecht machen kann; es kann demjenigen nur ein Bewusstsein von Sünde geben. Wenn du versagst, ist es mit dem Frieden für dich vorbei.

Dann gibt es da noch das Problem mit solchen, die nicht mit uns übereinstimmen. Sie haben eine andere Definition von Gerechtigkeit als wir. Um unseren Frieden zu bewahren, müssen wir ihnen beweisen, dass sie im Unrecht sind. Dieser Kampf ist endlos. Du kannst so nicht leben. Du bist für ein solches Leben nicht geschaffen.

Gott will, dass wir mit Ihm und mit unseren Mitmenschen in einer harmonischen Beziehung leben. Das kann nur funktionieren, wenn du Frieden hast. Du kannst aber nur dann dauerhaft Frieden haben, wenn du weißt, dass du gerecht bist. Dass du gerecht bist, kannst du aber nur wissen, wenn du das Geschenk der Gerechtigkeit durch den Herrn Jesus Christus annimmst. Römer 5,1 sagt es am besten: *»Da wir nun durch den Glauben gerechtfertigt sind, so haben wir Frieden mit Gott durch unsren Herrn Jesus Christus.«*

Friede ist für das Christenleben weit wichtiger, als wir je angenommen haben. Das Geschenk der Gerechtigkeit bewirkt Frieden durch Jesus. Friede gibt Kühnheit und Zuversicht in der Beziehung mit Gott. Durch Ihn haben wir Zugang zu der Gnade (Gottes Fähigkeit), in der wir stehen. Wenn kein Friede da ist, wird es keine Beziehung geben, keine Zuversicht und auch keine Gnade, die sich in unserem Leben wirksam zeigt. Und getrennt von der Gnade sind wir auf unsere eigene Fähigkeit beschränkt, Gott zu dienen und ein gerechtes Leben zu führen. Wir brauchen Frieden!

## Kapitel 24

# MEHR ALS EIN GEMÜTSZUSTAND

Es gibt viele Dinge, die eine Person tun kann, um einen friedvollen Gemütszustand zu haben. An vielen dieser Dinge ist nichts Schlechtes. Aber Ruhe zu haben, ohne mit der Realität (Wahrheit) übereinzustimmen, ist eine Täuschung. Wenn du dich selbst überzeugst, dass es keinen Gott gibt, kannst du einen gewissen Grad an Seelenfrieden erreichen. Das mag in diesem Leben funktionieren, aber auf die Ewigkeit ist man damit nicht vorbereitet.

Es gibt viele Dinge, die man sich erfolgreich einreden kann. Wenn du glaubst, dass es keine Hölle gibt, kann dir das Frieden bringen, auch wenn du Gott ablehnst. Aber das ist nicht die Realität. Wenn du dir eingeredet hast, dass Gott dich nur liebt, wenn du redlich lebst, wird dir das genau so lange Frieden geben, wie du redlich lebst. Aber auch das ist nicht die Realität.

Gottes Frieden gründet sich auf die eine, *wahre* Realität. Er gründet sich auf die kompromisslose, zuverlässige Liebe Gottes, die Er am Kreuz Christi sichtbar werden ließ. Nur wenn du die Botschaft vom Kreuz kennst und ihr vertraust, wirst du zu dauerhaftem Frieden finden. Einem Frieden, der sich nicht mit den Umständen ändert und der nicht auf einer Lüge gründet.

Wenn wir die Wahrheit glauben, ist der Heilige Geist in der Lage, diese Wahrheit zu vollziehen und die Liebe Gottes in unsere Herzen auszugießen. *»Und wir haben erkannt und geglaubt die Liebe, die Gott zu uns hat; Gott ist Liebe, und wer in der Liebe* *bleibt, der bleibt in Gott und Gott in ihm*« (Joh 4,16). Eine andere Übersetzung lautet: »Wir haben an die Liebe Gottes geglaubt und sie erfahren.«

Das griechische Wort für »erkannt« bedeutet »ein Wissen, das durch Erfahrung erworben wird«. Damit du Gottes Liebe erfahren kannst, musst du zuerst an die Liebe Gottes glauben. Gottes Liebe kann nur durch das vollbrachte Werk am Kreuz erkannt werden.

*»Darin ist die Liebe Gottes zu uns geoffenbart worden, dass Gott seinen eingeborenen Sohn in die Welt gesandt hat, damit wir durch ihn leben sollen. Darin besteht die Liebe – nicht dass wir Gott geliebt haben, sondern dass er uns geliebt hat und seinen Sohn gesandt hat als Sühnopfer für unsere Sünden«* (1Joh 4,9–10).

Die Wahrheit, dass Jesus in die Welt kam, unsere Sünden auf sich nahm und den Zorn Gottes als Sühneopfer beschwichtigte, zeigt Gottes Liebe klar auf. Wenn wir erkennen, dass wir vor Seinem Zorn gerettet wurden, erkennen wir Seine Liebe. Wenn wir erkennen, dass wir gerecht gemacht wurden, erfahren wir Seinen Frieden. Kein Beruhigungsmittel, keine Sünde, und auch sonst nichts, kann uns den Frieden und die Erfüllung verschaffen, die davon kommen, dass wir Gottes Liebe und Frieden erfahren und darin bleiben.

Gott hat durch das Kreuz Frieden mit dir geschlossen. Wirst du diesen Frieden annehmen? Vielleicht ist das jetzt der richtige Moment für dich, ein Gebet wie das folgende zu sprechen:

*»Vater, heute entscheide ich mich, die Wahrheit zu*
*glauben. Du hast Jesus in diese Welt gesandt.*
*Er wurde meine Sünde. Er nahm meine Strafe auf sich.*
*Er ging an meiner Stelle in die Hölle. Er ist aus dem*
*Grab auferstanden und hat meine Sünde besiegt.*
*In Ihm habe ich das Geschenk der Gerechtigkeit.*
*Ich danke dir, dass ich unabhängig von meinen Werken*
*gerecht bin. Heute erkenne ich an, dass du mir nie*
*Schmerzen bereitet hast. Du bist nicht die Quelle von*
*Schmerzen in meinem Leben. Meine eigenen Sünden*
*und mein Unglaube haben mir Schmerzen gebracht.*
*Ich werde nie wieder glauben, dass Du mich verletzt.*
*Ich werde in Deinem Frieden bleiben, weil ich in Jesus*
*gerecht bin! Du liebst mich, Du nimmst mich an,*
*Du bist mit mir. Du hast mich angenehm gemacht in*
*dem Geliebten!«*

# ÜBER DEN AUTOR

Vor über 40 Jahren fand James B. Richards Jesus und ließ sich in den vollzeitlichen Dienst rufen. Seine dramatische Bekehrung und seine Leidenschaft, notleidenden Menschen zu helfen, brachten ihn auf die Straßen von Huntsville (Alabama). Dort erreichte er vor allem Teenager und Drogenabhängige.

Vor seiner Errettung war James professioneller Musiker – mit allem, was zu einem weltlichen Lebensstil gehört. Mehr als alles andere suchte er wahre Freiheit. Er hatte genug von sich selbst und seiner ergebnislosen Jagd nach dem Glück, und er hasste den Zustand seines Lebens. Weil er sich Erleichterung erhoffte, flüchtete er sich in Drogen. Er war verzweifelt auf der Suche nach Gott, doch die Menschen fürchteten sich, ihm von Jesus zu erzählen, weil er in seinen Gefühlsausbrüchen so unberechenbar war. Er sehnte sich nach Hilfe, doch Versuche, diese zu bekommen, ließen ihn am Ende immer noch verwirrter und hoffnungsloser sein als zuvor. Er hörte viel von Religion, aber nichts vom lebensverändernden Evangelium.

Durch eine wunderbare Begegnung mit Gott übergab James B. Richards sein Leben Jesus Christus und wurde von seinen Süchten befreit. Sein ganzes Leben änderte sich dadurch. Heute, nach vielen Jahren im Dienst, glaubt Dr. Richards immer noch, dass es niemanden gibt, dem Gott nicht helfen will und den Gott nicht liebt. Er setzt sein Leben dafür ein, Menschen dazu zu verhelfen, diese Liebe zu erfahren. Sein Leben ist ein großartiges Beispiel dafür, dass Gott niemanden je im Stich lässt.

Dr. Richards – Autor, Lehrer, Theologe, Berater und Unternehmer – ist Präsident und Gründer von *Impact Ministries*, einem breit aufgestellten christlichen Werk, das sich zum Ziel gesetzt hat, diejenigen zu erreichen, die von der Gemeinde bisher nicht erreicht wurden. Er achtet bewusst darauf, was in der heutigen Gesellschaft funktioniert. Jedes Jahr werden durch weltweite Einsätze und Pastorenkonferenzen Tausende von Menschen gerettet, geheilt und befreit.

Nebst dem Doktorat in Theologie, Verhaltenspsychologie und Alternativer Medizin und einer Ehrendoktorwürde in Weltevangelisation ist Dr. Richards auch zertifizierter Entgiftungsexperte und Drogenberater. Seine kompromisslose, aber dennoch positive Betrachtung des Evangeliums stärkt, unterweist und motiviert die Menschen auf ihrem Weg zu neuen Ebenen des Sieges, der Kraft und des Dienstes. Dr. Richards' umfassende Erfahrung im Umgang mit Drogenmissbrauch, Co-Abhängigkeit und anderen gesellschaftlichen und emotionalen Themen hat ihm den Weg zu effektiven, kreativen und biblisch fundierten Herangehensweisen im Dienst gebahnt, die den Bedürfnissen der heutigen Welt entsprechen.

Doch mehr als alles andere glaubt Dr. Richards, dass Menschen durch die Erfahrung von Gottes bedingungsloser Liebe heilgemacht werden müssen. Seine Botschaft ist einfach, praxistauglich und voller Kraft. Mit Leidenschaft widmet er sich der Aufgabe, den Menschen eine neue Sichtweise auf Gott zu vermitteln, damit sie durch Jesus eine Beziehung mit ihm erleben können.

Dr. James B. Richards lebt mit seiner Frau Brenda in Huntsville, Alabama (USA). Sie haben fünf Töchter und neun Enkelkinder.

Mehr über den Autor ist auf folgenden englischsprachigen Internetseiten zu erfahren:

**www.heartphysics.com** und **www.impactministries.com**.

# ÜBER IMPACT MINISTRIES

James B. Richards ist der Vorsitzende von Impact Ministries. Diese international breit aufgestellte Organisation hat sich verpflichtet, Menschen allgemein und insbesondere Leiter aller Nationen auf relevante und bedeutsame Weise in den Herausforderungen des noch jungen neuen Jahrtausends zu unterstützen, zu stärken und auszurüsten. Der weltweite Dienst besteht aus den folgenden Organisationen:

1. *Impact of Huntsville*, einer dynamischen, innovativen Gemeinde in Huntsville, Alabama (USA)
2. *Impact International Ministries*, die Missionsgesellschaft der Organisation, die die Nationen dieser Welt erreicht
3. *Impact International Fellowship of Ministers*, einem weltweiten Dienst, der christliche Leiter darin trainiert, ausrüstet und ihnen dient, ihre Berufung zu leben und dabei neue Wege der Leiterschaft zu entdecken
4. *Impact International Publications*, die den Menschen dieser Welt durch Bücher, Audio- und Videomaterial und andere Veröffentlichungen dabei helfen, ihre Sicht auf Gott zu verändern
5. *Impact Ministries*, die lebensverändernde Seminare und Einsätze in Nordamerika durchführen
6. *Impact International School of Ministry*, die weltweit eine Ausbildung zum Dienst anbietet, die sich vom Üblichen stark unterscheidet

Um Informationen über diese und weitere Dienste von Dr. Richards und seinem Team zu erhalten, kontaktiere uns unter:

Impact Ministries®
3516 South Broad Place SW
Huntsville, AL 35805
Telefon: 001-256-536-9402
www.impactministries.com
E-Mail: impactministries@impactministries.com

# BIBLIOGRAPHIE

Bromiley, George W., ed., *Theological Dictionary of the New Testament,* Michigan: William B. Eerdmans, 1985.

Cremer, Herman, *Biblico-Theological Lexicon of New Testament Greek*, Edinburgh: T&T Clark Ltd., 1895.

Lenski, R.C.H., *The Interpretation of St. Paul's Epistle to the Romans*, Minneapolis: Ausburg, 1936.

McIntosh and Twyman, *The Archko Volume or the Archeological Writings of the Sanhedrin and Talmuds of the Jews*, New Canan, Connecticut: Keats Publishing, Inc..

Peterson, Eugene H., *The Message*, Navpress, 1994.

Phillips, J.B., trans., *The New Testament in Modern English*, New York: Macmillian, 1972.

Richards, Dr. James B., *Gnade – Die Kraft der Veränderung*, Schotten; Grace today Verlag, 2018.

Richards, Dr. James B., *Taking the Limits Off God*, Huntsville: Impact Ministries, 1989.

Strong, James, *Strong's Exhaustive Concordance*, Grand Rapids: Baker, 1972.

Thayer, Joseph H., trans., *A Greek-English Lexicon of the New Testament*, Grand Rapids: Baker, 1977.

Tregelles, Samuel Prideaux, LL.D., *Gesenius: Hebrew-Chaldee Lexicon to the Old Testament*, Grand Rapids: Baker, 1979.

Trench, Richard Chenevix, *Synonyms of the New Testament*, Grand Rapids: Baker, 1989.

Vaughn, Curtis, ed., *The Bible from 26 Translations*, Grand Rapids: Baker, 1988.

JAMES B. RICHARDS

# GNADE - DIE KRAFT ZUR VERÄNDERUNG

Es gibt viele Dinge, die wir glauben und doch nicht erleben. Wir alle wollen den Sieg, aber nur wenige finden ihn. Es ist unheimlich frustrierend, dass vieles von dem, was wir glauben, in Wirklichkeit nicht funktioniert. Das Gefühl der Niederlage quält uns und es ist, als wären wir in einem religiös en Labyrinth der Formeln, Regeln und Gebote gefangen. Wir wissen, dass etwas fehlt, aber sind uns nicht sicher, was. Vielen Christen ist die Wahrheit über die Gnade Gottes entgangen – und das Ergebnis ist Niederlage und Frustration.

In diesem aufrüttelnden Buch entfaltet der Autor das Geheimnis der Gnade und führt in ihre Grundlagen ein. Du wirst die Kraft finden, zu überwinden, anstatt immer wieder nach Vergebung zu suchen. Du wirst persönliche Probleme bewältigen, anstatt sie noch länger mit dir herumzutragen. Gnade – die Kraft zur Veränderung wird dir in die Dimension des christlichen Lebens hineinhelfen, die Jesus »sanft und leicht« nannte.

196 Seiten, Paperback, ISBN 978-3-95933-095-4
Auch als E-Book erhältlich.

## JAMES B. RICHARDS

# SETZE DEM SCHMERZ EIN ENDE

Täglich erleben unzählige Menschen seelische Schmerzen. Du fühlst dich gezwungen zu lächeln und so zu tun, als wäre alles in Ordnung. Doch wer sieht deine inneren Tränen? Du wurdest verletzt und es scheint, als könnten deine Wunden einfach nicht heilen. Du versuchst irgendwie über die Runden zu kommen, aber kannst die Vergangenheit nicht hinter dir lassen. Du willst vergeben oder hast es bereits getan, aber du kannst das Erlebte nicht vergessen.

Bei jeder »passenden« Gelegenheit gräbst du den bereits seit langem begrabenen Schmerz wieder aus, was deine Beziehungen zu Menschen und zu Gott, aber auch dein eigenes Leben lähmt. Es macht dich unfähig, deine Träume zu verfolgen und zu verwirklichen.

Dieses Buch löst festgefahrene Denkmuster und befreit dich von negativen Kräften, die dich in der Opferrolle gefangen halten wollen. Du wirst schrittweise durch einen Prozess geführt, der dir hilft, dich von erlebtem Kummer zu befreien und vor künftigem Schmerz zu schützen.

255 Seiten, Paperback, ISBN 978-3-95933-025-1
Auch als E-Book erhältlich.

FRANZ WIMBERGER

# LEBENSWENDE STATT LEBENSENDE

Manche können mit Schicksalsschlägen besser umgehen als andere. Warum ist das so? Welche positive Kraft treibt sie an? Was stärkt Menschen in schwierigen Situationen?

In allen Lebensbereichen beschäftigte sich Franz Wimberger über viele Jahre hinweg mit diesen Fragen – bis er Veränderung erfuhr. Er erweiterte seine Lebenserfahrung und stärkte seine Widerstandsfähigkeit, um die kleinen und großen Herausforderungen seines Lebens bewältigen zu können. Leben ist Verwandlung und Veränderung. Franz Wimberger hat einen Traum, dass ein Entschlossener mehr bewegen kann als Zehntausend Unentschlossene. Darum will er seine kostbare Lebenserfahrung mit allen Menschen teilen. Er hat den Mut, seine intimsten Seiten offenzulegen. Fesselnd verwebt er in seiner spannenden Lebensgeschichte Perspektiven und Erkenntnisse aus dem privaten und beruflichen Bereich.

201 Seiten, Paperback, ISBN 978-3-95933-036-7
Auch als E-Book erhältlich.

WEITERE INSPIRIERENDE
BÜCHER FINDEST DU UNTER:
WWW.GRACETODAY.DE